U0080532

資深媒體人
張世民 ◆ 著

呆薪族也開竅的快樂理財書

HAPPY WAYS TO GET RICH

品格勝於財富

臺灣永光化學工業股份有限公司
創辦人/榮譽董事長　陳定川

　　筆者和作者都是國際基甸會中華民國總會北二支會的會員，每週五一起出席早禱會，加上作者連續三年擔任書記工作，展現出在文字工作方面的恩賜，讓我印象深刻；尤其他努力筆耕，定期發表專欄文章，並每隔一段時間就結集成新書出版，用文字來見證、榮耀神，筆者樂觀其成，並樂於寫序推薦。

　　本書內容表面上看來是有關投資理財的書，強調企業或個人對於金錢的獲得、管理及使用，都要建立正確的財富管理觀念，但仔細深入閱讀，卻發現作者在字裡行間有意地闡述無形財富比有形財富更重要。

　　本書內容有許多精采的故事，頗具啟發性，讓我最感動的是「品格是人生最大的資產」這篇文章，內容提及的富商、女主角希亞達、女主角的母親及富商的兒子，每一個角色都流露出人性的光明面，彰顯出「富貴不能淫、貧賤不能移」的崇高偉大品格，相形之下，金錢財富已顯得微不足道，這就是品格勝於財富的道理。

　　作者也引用許多《聖經》經文，例如：「你要囑咐那些今

世富足的人，不要自高，也不要倚靠無定的錢財，只要倚靠那厚賜百物給我們享受的神。」（聖經提前6：17）耶穌也勉勵人要做好財富管理，成為一個「忠心又良善的好管家」，這些寶貴的聖經真理，相信對有心閱讀本書的人，在建立正確人生價值觀及有效執行財富管理上都有很大的幫助。

永光化學公司即是一個重視品格教育及遵照聖經真理原則經營的企業，多年來也一直蒙受神的恩典與賜福；我們堅持誠信原則、正派經營，並善盡企業的社會責任，積極推動經濟倫理，也存著感恩的心，把神所賜的財富，用在更有價值的地方，努力回饋社會，並獲得社會的肯定與好評，連續四年榮獲《天下雜誌》頒發天下企業公民獎的榮譽；我們相信好品格及遵行聖經真理，才是企業的最大資產。祈盼所有讀者都能倚靠那厚賜百物給我們享受的神，也願神賜福所有閱讀本書的讀者！

理財也是管理科學的範疇

中原大學企管系教授 張光正 博士
（前中原大學、明新科技大學、實踐大學校長）

　　我和本書作者因為共同信仰的關係，相識已近三十年之久，從他擔任新聞記者到現在成為自由作家，並以終身文字傳道者自居，欣見他在文字工作領域，不斷耕耘努力，懷抱著一股理想性及願景，逐漸發揮出文字無遠弗屆的深遠影響力。

　　我拿到本書的書稿時，一口氣從第一頁閱讀到最後一頁，令我非常驚訝，本書不但內容豐富，涵蓋層面除了財富價值觀及投資理財的正確觀念外，還涉及企業管理及組織領導的範疇，與坊間的一般理財書明顯不同，不致於充滿一味追逐金錢財富的銅臭味。

　　尤其作者以其對基督信仰的虔敬與執著，在字裡行間不斷引用《聖經》經文、故事與許多實例的闡釋及佐證，也強化了信仰真理的實用與實踐性，使信仰與生活相結合；無論是否是基督徒，在閱讀本書時，均能從其中得到啟發和幫助，這也是本書的特色。

　　我在教育界服務多年，先後擔任過三所大學校長，也教授企業管理的課程，所以對領導統馭及企業管理的相關議題非常重視，本書在提及企業經營的理念和賺取財富的管理策略時，

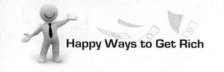

強調企業要正派經營、誠信立業,而不能以賺錢牟利為唯一目的;而且企業要重視社會責任,行有餘力也要扮演推動慈善公益的角色,回饋社會;另外,企業經營者要為員工創造快樂的工作環境,勝於一味地要求業績,並引導員工塑造人生理想願景等等,對企業經營者而言,都是很好的組織領導策略與企業管理觀念,也是很重要的企業價值與文化,值得大力提倡。

理財既然是指財富管理,當然可納入管理科學的範疇,無論是個人理財或是企業理財,都與管理的原理、原則有密切關係;一個企業或個人有好的管理觀念,設定明確目標,並能有效地落實執行,自然在理財方面也有很好的績效呈現。就像作者引用《聖經》中耶穌所說的比喻,有一個主人出遠門前,把五千兩、兩千兩及一千兩的銀子,分別交給三位管家,領五千兩及兩千兩銀子的管家,以有效的理財方式,分別又賺了五千兩及兩千兩,耶穌誇讚他們是「忠心又良善的僕人」,也就是善於管理的人才;至於領一千兩的管家把錢埋在地底下,完全沒有理財的行為,也就是不懂管理的人,被耶穌斥為「又惡又懶」。由此可見,管理的原則及理財的觀念和能力非常重要。

本書在一開始也呼籲腰纏萬貫的富豪巨賈們,不要把全部財富留給子女,而應捐贈給社會及需要幫助的人,值此M型社會來臨,貧富差距愈來愈大時,對於生活在金字塔頂端的有錢人,是一必要的提醒,希望富豪們都能欣然響應,並成為一種社會風氣,這也是耶穌所說:「施比受更為有福」的體現。

我過去在大學校園中,也致力於推廣「全人教育」的理

念，理財觀念的教育應從小開始紮根，而且應納入學校全人教育的通識課程內，如果學校教育能早一點開始有正確的理財觀念教導，相信可以讓社會多一點富人，少一點窮人，進而提升國民的生活品質和國家整體的競爭力。

當然，不容諱言地，如果純就投資理財的書而言，本書的專業深度與權威性，仍有不足之處，但瑕不掩瑜，並無損本書的可讀性；所以閱讀本書不能單從如何投資理財、如何致富或如何成為千萬富翁的狹隘角度來看，作者在本書論述的視野及觀照面是寬廣的，就像其在最後一篇文章的結語所言：「最重要的是，人的一生所追求最重要的東西，絕對不是財富，人生還有比金錢更重要的價值及目的要去努力完成。而所有財富也都是神賞賜的，所以追求財富，除了自己的努力外，也要祈求神的賞賜！而一個遵行神旨意、合神心意的人，神會把一切（當然包括財富）都賜給他！」希望閱讀本書的讀者，都能認同此觀點。

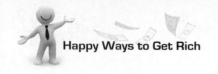

用理性節制理財

聚鼎科技股份有限公司

董事長 許史孝

　　筆者曾在創投業工作共十年之久，現在又經營高科技產業，看盡企業界的起起伏伏，多少坐擁豪邸、開名車、叱吒風雲的科技新貴，轉瞬間成了跑路犯，正是「眼看他起高樓，眼看他宴賓客，眼看他樓塌了」，正所謂「十年一覺揚州夢」。因此筆者體會到——

理財的基本觀念： ❶財富不可恃；❷欲速則不達；❸貪婪不可恕；❹公義不能移；❺心懷無不足。

理財的原則是： ❶誠實的手段──不騙財；❷節制的態度──不貪財；❸超然的立場──不沉迷；❹耐心的經營──不急燥；❺謙虛的態度──不矜誇；❻勤儉的生活──不奢華。

理性節制理財方法： ❶用自己瞭解的工具；❷投資在自己經驗所熟悉的範圍；❸量力而為，適度的舉債；❹風險與利潤成正比，高報酬、高風險；❺事先控制自己可以承擔的最大風險；❻風險不要過於集中，要分散；❼投資對象要具知名度與公信力；❽要保有一定的流動資金以備急時之需。

　　本書正是要建立社會正確的理財觀。筆者十分認同作者的看法，特為作序以為推薦。

快樂是最大財富

　　坊間談投資理財的書可謂汗牛充棟、琳瑯滿目,沒有一本書可以幫助讀者在閱讀完整本書後立即致富,成為千萬富翁;本書亦不例外,因為本書的重點並不完全聚焦在如何理財致富,而是在強調財富的價值觀,什麼才是富有及快樂的人生?

　　在貧富差距愈來愈大,生活壓力讓許多人緊張焦慮,致使多數有錢人和窮人都不快樂的今天,希望有錢的富豪能善用錢財去幫助需要的人,如此既獨樂樂,也能眾樂樂;至於想成為有錢人的呆薪族(指領死薪水的上班族),透過本書的一些富有思想及實用的理財方法,也可以逐步享受富有及快樂的生活。

☺ 財富用來助人快樂才有價值

　　美國有一位自稱是「衣衫襤褸的慈善家」—查克・費尼,靠著銷售免稅名牌商品逐漸累積近百億美元的財富;他的生活極為節儉樸實,從不穿名牌服裝,且一直隱姓埋名地捐款行善;在費尼的諸多慈善項目中,有一個叫「微笑行動」,主要資助發展中國家齶裂兒童接受整形手術。有一次,他在一處候診室裡見到了一名準備接受手術的女孩,女孩用手掩著嘴,掩飾不住內心的激動與期望。「做完手術後,她微笑著,似乎在

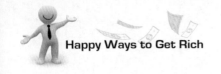

說：『我現在再也不是你以前看到的那個醜樣子了！』」費尼說，他在這時才深刻體會，財富能夠用來幫助別人得到快樂才是有價值的。

現在很多億萬富翁，例如比爾‧蓋茲、巴菲特等人，都深受他的影響並已付諸行動。查克‧費尼可謂是富豪們學習如何做慈善事業的好榜樣。

「我們相信：快樂是最大的財富」。這是一家金控集團在媒體刊登廣告的slogan，內容訴求他們所提供的每一項服務，能為每一個人創造更多的快樂，並且讓快樂出現在更多的地方。

可見，為客戶規劃投資理財的金融機構，除了要為客戶創造財富外，也要為客戶帶來快樂，並且還要強調快樂才是最大的財富，以此來打動客戶的心。如果一家金融機構能為客戶創造財富，還能為客戶帶來快樂，當然是理想的金融機構，一定能讓投資人（或是想發財的人）趨之若鶩，業績蒸蒸日上。

☺ 投資理財要能創造財富及快樂

進而言之，所有投資理財的行為，其結果除了希望能創造財富外，還要能帶來快樂，才是理想的結果；反之，投資理財的行為，不但不能創造財富，還虧損連連，甚至血本無歸，投資人一定不快樂，這是最糟糕的結果。

另一方面，投資理財就算賺了錢，或讓財富倍增，但結果非但不能帶給投資人快樂，反而因為錢財多了，帶來更多的煩

惱，如此理財致富，不僅是美中不足，而且會讓人大嘆：「這種財富，不要也罷！」

　　一個金融機構或理財專員在為客戶規劃投資理財的產品時，除了要善盡專業理專及善意管理人的責任外，還要想辦法幫客戶賺錢，客戶能賺錢，自然能得到快樂；客戶如果不能賺錢，自然不能快樂。所以，一個金融機構或理財專員在為客戶規劃或銷售一項投資理財產品時，首先要想到這個產品到底能不能為客戶（投資人）帶來快樂？能如此設想，就是好的金融機構及好的理財專員，也能避免許多無謂的糾紛。

　　一個好的金融機構及好的理財專員，要肩負為客戶創造財富及快樂的雙重使命，亦即要讓客戶賺到錢，同時也擁有快樂。當一個客戶賺到錢，也得到快樂，他會特別記得與感謝這個金融機構及理財專員。

　　「快樂是最大的財富」，這個訴求也涉及一個人的價值觀，就是無形層面的精神滿足，要大於有形層面的錢財。而且快樂是最大的財富，顯示快樂重要於其他金錢、珠寶、汽車、房地產等財富。當快樂與財富，放在天平的兩端，要一個人抉擇或取捨，如果快樂與財富能兼而有之，當然最好。如果只能二擇一，相信多數人寧願選擇擁有快樂（例如：健康、有成就感的工作、美滿婚姻及幸福家庭）卻失去財富，大於得到財富卻失去快樂。

　　台灣前首富鴻海集團總裁郭台銘對「快樂是最大的財富」這句話有深刻地體認，他說：「我本身，大家認為我有很多財

富，但是有誰曉得我內心快不快樂，我內心幸不幸福，我過去幾年來遭遇到很多的離去，我最親的親屬離我而去，我請了世界的名醫都沒有辦法治好，我甚至體驗到金錢不是萬能的，金錢買不到快樂，金錢也買不到幸福，可能會帶來很多不必要的困擾，如果留給下一代，可能會把這個困擾延長到下一代。」

😊 財富要用在需要的人身上

顯然，郭台銘已體認到，金錢不是萬能的，財富真的不能帶給一個人真正的快樂和幸福，只有把財富用到真正需要人的身上，甚至用到社會上，才是快樂的事。

再看，現任台灣首富宏達國際電子公司董事長王雪紅，以智慧型手機在國際市場闖出一片天；王雪紅的創業，沒有要求父親——台灣「經營之神」王永慶的金援資助，在創業過程中並非一帆風順，而是遭受許多挫折、打擊；所幸，篤信基督的她，因有著堅定的信仰而度過重重難關，最終成就今日股王的大業。

如今，王雪紅把公司及所有的財富都奉獻給神，因為她清楚明白所有財富都是神賞賜的，一個人的富足並不在於金錢與財富，而在乎心靈與生命的豐盛。原來，勇於付出的，才是真正的富有；敢於捨棄的，才是真正的擁有！因為她真知道：身為神的兒女，是何等的富足與喜樂，也是多麼大的應許與福分！這種心靈的富足與喜樂，是世上財富所買不到及無可取代的！

　　一個人想要致富，就要學有錢人的想法，也要學有錢人對財富的價值觀，以及學習有錢人是如何創造財富。有錢人為什麼會有錢？除了少數是含金湯匙出生，繼承龐大祖產，成為現成的富豪外；多數的有錢人是白手起家，靠做生意或創業致富，或是深諳投資理財致富之道，逐漸累積出可觀的財富。無論是白手起家、勤儉致富、創業發財或藉由投資理財累積財富，都是可取的，也是值得效法的對象。當然，最理想的是快樂致富。

　　《聖經》中許多有關金錢與財富價值觀的闡述，都具有相當正面的意義與發人深省之處，筆者在本書多處文稿中樂於加以分享，供讀者們參考，並希望對讀者有所幫助。例如《聖經》中記載的耶穌基督，一般人的印象是為世人被釘十字架而犧牲捨命的救主；，但實際上，耶穌在世上傳道時，所言所行，除了傳講福音外，並非不食人間煙火，尤其對於財富價值觀及投資理財的層面，也多有清楚而明確地闡釋，令人印象深刻。

　　在《聖經》中，耶穌親口說了一個富有的主人與三位家僕理財的比喻，非常傳神，其中領五千兩銀錢又賺了五千兩銀錢的家僕，是最快樂的人，既賺錢又得到主人的誇讚與分紅；魚與熊掌、快樂與財富兼得，真是天下一大樂事。

☺ 用智慧理財，快樂與財富兼得

　　由上可知，耶穌極為肯定善用錢財及贊同正確的投資理財

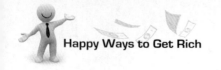
行為，而且希望人在投資理財上，能有積極主動的行動，用智慧理財，讓財富倍增，這也正是現代人在面對通貨膨脹、零利多的挑戰時，應採取的理財作為。

理財專家建議，在鈔票愈來愈薄的情況下，除了必要的儲蓄，「手中不要留有太多現金」，不要把錢埋藏在地底下，完全沒有理財的作為。最起碼要錢放在銀行，多少還可以孳生一些利息。但現在銀行的利息偏低，把錢放在銀行，也不是最好的理財方式；而要把錢妥善地規劃，用於更好的投資理財上，使財富倍增。

然而更重要的是，《聖經》上說：「要積財寶在天上。不要依靠無定的錢財，而要依靠那厚賜百物給我們享受的神。」

錢財不但是身外之物，來得快，去得也快，也是靠不住地；錢不但不能保值，而且有錢並不能滿足人心，不能買到真愛、快樂、健康及一夜好眠，也不能解決所有問題。現代人除了追求金錢財富外，還要信靠那厚賜百物給我們享受的神，心中有平安、喜樂及心靈的滿足，快樂與財富兼得，才是安身立命之道。

最後，誠摯感謝永光化學公司榮譽董事長陳定川先生、中原大學前校長、現任企管系教授張光正博士及聚鼎科技股份有限公司董事長張忠本先生，三位在企業界、學術界都是備受尊重的德高望眾之士，在百忙中撥冗惠賜推薦序，不僅多所鼓勵，且字裡行間充滿富有思想的智慧嘉言，實是惠我良多，筆者銘記在心，感激不盡！其次，謝謝《中信月刊》及《希望森

林上班族網站》的專欄，多年來固定刊載筆者的文稿，成為本書出版的主要素材來源；真心感謝創見文化長期出版好書的卓越貢獻，在出版界經營艱困之際仍樂於出版本書，實難能可貴；另外要謝謝筆者胞姊Ruby及內人蓓蓓長期鼓勵與支持筆者的筆耕，讓筆者可以寫作不輟，藉著文字工作以榮神益人。願一切榮耀歸給至高的神，平安、喜樂及財富，歸給閱讀本書的每一位讀者！

張世民

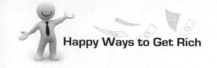
Happy Ways to Get Rich

目錄 Conte

Chapter 1

抱富心法

1. 留智慧勝於留錢給子孫 …………………… 022
2. 死於巨富與財主進天國 …………………… 028
3. 別把財產留給子女 ………………………… 031
4. 不要把金錢困擾留到下一代 ……………… 034
5. 閱「再富也要窮孩子」有感 ……………… 037
6. 把慈善當事業 ……………………………… 040
7. 錢給需要的人才有用 ……………………… 044
8. 窮得只剩下快樂 …………………………… 047
9. 《窮得只剩下錢》的省思 ………………… 049

Chapter 2

幸福富道理

10. 幸福感是人生一大財富 …………………… 054
11. 珍惜及創造無形財富 ……………………… 058
12. 原來我這麼富有 …………………………… 062
13. 年輕是本錢也是資產
　　——為徬徨無助的年輕朋友加油打氣 …… 066
14. 讓金錢發揮最大價值 ……………………… 068

Chapter

3

│上班族吸金學│

Chapter

4

│分享致富│

Chapter

5

│雲端理財│

Chapter 6

理財力UP！UP！

Chapter 7

財管攻心計

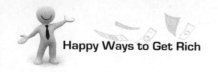

Chapter **8**

理財實戰

抱富心法

心存感恩,把財富當作水,如果有一杯水當然自己一個人喝 ,如有一條河就應與大家分享。如有一碗飯,只夠自己吃; 但如果有一鍋飯,何不與眾人分享,或幫助有需要的人呢?

HAPPY WAYS TO GET RICH

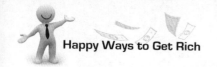

留智慧勝於留錢給子孫

留下太多財產給兒女,「愛之適足以害之」,造成子女失去努力奮鬥的動力及迷失人生的方向,最後結果就是毀了兒女的一生。其實只要留下智慧的思想觀念給兒女,就足以讓兒女一生受用無窮。

「兒孫要是有辦法,不留錢給他,他依然有辦法;要是子孫沒有辦法,留錢給他反而害了他!」被譽為中國第一慈善家的香港富商余彭年,在2009年年初宣布,他已委託銀行,待他百年後,將約值四十億港元(約台幣174億元)的全部身家財產全數捐作慈善用途,不留分文給子孫。2010年4月,余彭年進一步宣布捐出個人全部93億港幣,約372億台幣的財產,成為大陸第一位「裸捐」富商。

全部身家財產全數捐作慈善

這個預先宣示大手筆慷慨捐贈全部財產的「遺囑」,的確令人咋舌及刮目相看,但卻是最有智慧的壯舉;有錢人能如此無私,又有智慧,世間誠屬少見,贏得許多人的肯定與讚賞。其兒女對父親的善行也都樂觀其成,成為難能可貴的佳話。

　　余彭年的白話文遺囑，頗似一百七十年前清朝欽差大臣林則徐的家訓。林則徐的家訓如此說道：「子孫若如我，留錢做什麼？賢而多財則損其志；子孫不如我，留錢做什麼？愚而多財益增其過。」如今讀來，發人深省，古今先後暉映，值得為人父母者深思。

　　余彭年1922年出生，是深圳彭年酒店創辦人，1958年從湖南偷渡香港，白手起家，靠著房地產、酒店業，快速累積資產；現年八十九歲的余彭年，旗下事業及地產業務遍及香港、台灣和深圳。

　　香港明報報導，余彭年已為自己的財產立下了一份慈善遺囑，他將所有資產，包括房地產、公司及金錢，委託香港匯豐銀行做慈善信託基金，待他百年後，香港、大陸以至海外的慈善組織、政府和獨立人士，均可根據遺囑內的慈善項目申請贊助。

　　「寧可我助天下人，不負天下人助我」，是余彭年常常掛在口邊的一句話。截至2009年，他的捐款已超過卅億港元，受惠者無數。最近的捐贈活動是2003年起的「彭年光明行動」，為大陸白內障患者免費手術。從上世紀八十年代即已開始到大陸從事慈善事業的余彭年，在中國內地倒是出了名的慈善家，曾連續五次名列「胡潤慈善榜」，連續三年蟬聯大陸慈善排行榜第一名，捐錢蓋學校辦醫院從不手軟，更入選美國「時代」周刊200年「世界十四慈善家」。

　　余彭年兒孫滿堂，他卻決定不留任何財產給八名兒孫和曾

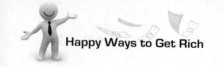

孫。據了解，他們主要任職彭氏旗下事業，支領一般水平的薪金。至於兒孫是否知道他要捐贈全部身家，財產完全不留子，余彭年淡然說：「他們沒有什麼反對，他們有工作，有住的地方，有車子，拿工資，衣食住行什麼都有，應該足夠的。」

留錢給兒女反而害了他

俗謂「富不過三代」，其實許多富豪之家的第二代，由於繼承龐大遺產，坐享其成，以致得了「富裕病」，即是身體不勤，四肢不動，好吃懶做，不事生產；尤有甚者，花天酒地、吃喝嫖賭、奢華宴樂、揮霍無度。結果不是坐吃山空，家道中落，晚景悽涼；就是傾家蕩產，身敗名裂，以致陷入萬劫不復的悲慘光景中。

這就是留下太多財產給兒女，「愛之適足以害之」，造成子女不用辛苦努力，即可享受榮華富貴，因此失去努力奮鬥的動力及迷失人生的方向，最後結果就是毀了兒女的一生。所以余彭年語重心長地說：「留錢給兒女，反而害了他！」真是智慧之語，誠哉斯言。

連續十七年蟬聯《富比世》全球富人排行榜第一名的微軟創辦人比爾‧蓋茲，即深知留下太多的錢財給兒女，並不是一件好事。為了確保兒女不深陷「富裕病」的可怕光景中，蓋茲早在1999年時宣布，他和妻子將他們兩個孩子的遺產繼承金額，限制在一億美元以內。蓋茲目前的身價超過六百五十億美元，將只留下1/650給孩子，剩餘的財富全部捐獻給慈善機構和

社會福利事業。他認為，讓孩子足夠生活就好，不希望兒女因為擁有過多不勞而獲的財富，而過著偏執無意義的生活。

有「股市投資之父」之稱的華倫・巴菲特，財富也非常可觀，一度曾超越蓋茲，巴菲特也十分同意蓋茲的作法，在他和太太的遺囑裡，決定將大部分的財產捐給比爾・蓋茲的慈善基金會，作為公益慈善之用。他告訴子女：「想成為億萬富翁，不要指望你們的老爸，我不想傷這個腦筋。」

另一位美國億萬富翁肯尼斯・拜靈，則坦白而直率地表示：「我不會留一毛錢給五個孩子，因為繼承財富會使人變得又笨又懶。」

☺ 得智慧勝過得銀子

顯然，聰明又有智慧的父母都知道留下太多的錢財給子女，結果等於害了子女，別說「富不過三代」，甚至「富不過第二代」，可不慎乎！其實只要提供好的教育給兒女，讓他們學習知識學問，擁有謀生的能力，在社會上成為有用的人，能對社會人群有所貢獻，即無愧於為人父母的職責。其他再多的財富，皆屬多餘的身外之物，多給兒女，對兒女說不一定就有害無益。

古時素有智慧君王尊稱的所羅門王，在《聖經》箴言中所強調的一段家訓即說道：「得智慧，得聰明的，這人便為有福，因為得智慧勝過得銀子，其利益強如精金，比珍珠寶貴；你一切所喜愛的，都不足與比較。寧得知識，勝過黃金。因為

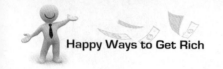

智慧比珍珠更美，一切可喜愛的，都不足與比較。」所以，為人父母者在作資產配置的理財規劃或作身後的遺產處置時，當可效法香港富商余彭年一樣，不留一分錢給兒女，只要留下智慧的思想觀念給兒女，就足以讓兒女一生受用無窮。

富blog 「富裕病」（affluenza）

前幾年，曾一度流行令人聞之色變的「禽流感」（Avian Influenza），富裕病的英文，令人感覺好熟悉。富裕病這一名詞是1990年代後期發源於美國，由兩個單字「富裕」（affluence）和「流感」（influenza）合成，指那些由於父母供給太多，造成孩子過度沉溺物質，生活缺乏目標所衍生的後遺症。

童年富裕、長大負債，美國年輕破產族，每年增加16％，當美國嬰兒潮世代到達人生成就最高峰，即將擁著410兆美元退休，並將財富傳承給下一代的階段，卻突然發現，他們的兒女或孫兒女，正受到富裕病毒的威脅。

根據研究，美國因負債而成為破產族當中，超過七成都來自於中產或高收入的家庭子女。這些天之驕子因為負債搞得生活一塌糊塗，並不是他們資源太少，反而是在他們成長過程中，金錢的供給非常充裕，養成奢侈成風，亂花錢的習性。富留子孫種下惡果，讓孩子變得只知享受，不知責任與義務。

台灣也不遑多讓，根據金融監督管理委員會銀行局的統計，台灣所有卡債中，1/5是由20至29歲的年輕人所「貢獻」。

他們主要用於購買奢侈品所積欠的現金卡、信用卡卡債，共計
1478億元，相當於政府兩年的高等教育經費，或未來八年的全
國治水經費。

　　對富裕人口正快速增加的台灣社會，如何恰當地供給孩子
金錢、資源，正是父母值得深思的問題。

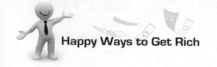

2 死於巨富與財主進天國

> 心存感恩，把財富當作水，如果有一杯水當然自己一個人喝，如有一條河就應與大家分享。如有一碗飯，只夠自己吃；但如果有一鍋飯，何不與眾人分享，或幫助有需要的人呢？

另一位被稱為「中國首善」的陳光標（註：根據中國胡潤研究院於2011年四月發佈《2011胡潤慈善榜》，福建福耀玻璃集團曹德旺家族以人民幣45.8億元（台幣約203億元）的捐贈額，成為「中國最慷慨慈善家」，取代陳光標成為新任「中國首善」），對於身後財富處理的問題，語重心長地道出：「死於巨富是可恥的」，一時之間引起各方討論。陳光標說出這句批評有錢人的話，倒不是因為他是窮人，因為忌妒富人，而有此窮酸的論調。

事實上，陳光標本人也是一個富人，而且行善不遺餘力，每年把公司利潤一半以上捐出做慈善，至今捐款已超過十億人民幣。所以，陳光標之言也算是深刻自省的良心話，雖然不能代表富人發言，但對於眾多腰纏萬貫、拔一毛以利天下而不為的富人而言，誠屬難能可貴的暮鼓晨鐘！

☺ 財富如水，要樂於分享

　　陳光標說，財富如水，如果有一杯水可以一個人喝，有一條河就應與大家分享。顯然陳光標內心存有分享的觀念，即是財富雖然是自己勞力打拚、費盡千辛萬苦經營事業或善於投資理財，經由經年累月所一點一滴累積而成，但也不是靠自己可獨力完成，而是要有好的或安定的社會環境、經濟制度及社會大眾的支持乃有以致之，所以財富不應該據為己有，而應「取之於社會，用之於社會」。

　　「死於巨富是可恥的」，這句話對許多有錢人可謂是「難以承受之輕」，尤其要叫有錢的巨富在死前捐出自己的財產或金錢，真是談何容易！最近世界兩位前後任首富比爾·蓋茲和巴菲特聯手針對全世界的億萬富豪，發起「捐贈誓言」，呼籲各國富豪至少捐出半數財產，用於社會公益慈善事業。許多富豪聞言，不是不以為然，就是避之唯恐不及。

　　中國大陸的多位富豪，則紛紛冷淡以對，甚至嗤之以鼻。有人認為比爾·蓋茲和巴菲特兩人「想法太天真，叫有錢人捐錢做慈善，太難為人了！」「中國人的金錢觀與社會觀和美國人相差太遠了，而且有錢人多是沒有社會責任的暴發戶，只想把錢留給子孫！」

　　可見要有錢人捐錢做善事，真的很難，除非要將他們的觀念改變，像陳光標一樣，把財富當作水，如果有一杯水當然自己一個人喝，如有一條河就應與大家分享。如有一碗飯，只夠自己吃；但如果有一鍋飯，何不與眾人分享呢？或是幫助有需

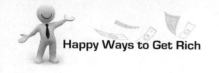
要的人。

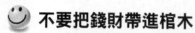 不要把錢財帶進棺木

「死於巨富」有如財主不容易進天國。《聖經》上耶穌說：「駱駝穿過鍼的眼，比財主進神的國還容易呢。」這句話對有錢的富豪真是一大警訊，也是當頭棒喝，提醒有錢人，錢財是身外之物，「生不帶來，死不帶去」，何必把錢財帶進棺木，或是自私地留給子孫，讓自己進不了天國？

「死於巨富是可恥的」，這句話或許對富豪巨富真是很難接受，也很難感同身受。但有錢人真的「死於巨富」，表示他是吝嗇、小氣及拔一毛以利天下而不為，這種人實在不足可取；有一天，這些小氣的富豪巨富就像守財奴一樣，企圖帶著億萬錢財下到陰間，不但可恥！也很可憐！

因為他的錢一毛也帶不走，結果只是留下一身罵名；就算把錢財留給子孫，往往是「愛之適足以害之」，是害了子孫、禍延子孫，可不慎乎？

比爾・蓋茲和巴菲特對全世界億萬富豪的呼籲，對一般中產階級的上班族而言，也是一項提醒，別忘了存感恩的心，把收入的一部分（例如十分之一）捐出，幫助有需要的人，不但是盡社會責任，也是一個「比財主進神的國還容易」的最佳理財行為。

別把財產留給子女

> 要讓兒孫有福，不是要留太多的財產給兒孫，而是要有好榜樣，做個行為純正的義人，讓兒孫見賢思齊，起而效法，這才是留給兒孫最好的財富，使兒孫真正蒙福。

　　世界兩位前後任首富比爾‧蓋茲和巴菲特聯手針對全世界的億萬富豪，發起「捐贈誓言」，呼籲各國富豪將財產用於社會公益慈善事業，而不要把財產全數留給子女。這和傳統中國人「只想把錢留給子孫」的想法大相逕庭。

　　把錢財留給子女，到底是禍延子女，還是福蔭子女？是為人父母者應正視的問題。

　　筆者曾經和王品集團創辦人戴勝益在一次餐敘中，談及他如何處理財產分配的問題，是否會把財產留給子女？戴勝益明確地回答說，他要把公司大多數的股權逐步釋出給員工，並且把自己擁有的股權大部分捐給公益基金，只留下一小部分的財產給子女。

　　之後，在王品股票上市之前，戴勝益一直在想如何分配他的股票及財產。他花了七天去攀登奇萊山，前四天他都不說

話，第五天卻想通了。他決定捐出80%股票，10%（市值近新台幣1億）留給自己，兩子女各分配5%。戴勝益說，自己能分到萬餘張王品股票，已經很感恩，他內心浮現，自己何德何能能擁有這些財富？這都是同仁的打拚與客人的肯定換來的。至於留給兩名子女各幾千萬元，卻是設有但書，35歲以後才能動用；金額雖然不多，但他們已比其他人幸運多了，35歲前希望他們要靠自己打拚。

😊 別讓孩子坐享其成，恃寵而驕

《商業周刊》創辦人金惟純非常贊同戴勝益的作法，他表示，留財富給子女，往往剝奪了他們的熱情；留事業給子女，往往剝奪了他們的自由。

留太多的錢財給子女，往往害了他們的一生；因為把過多的財富留給子女，會種下惡果，讓孩子坐享其成，變得只知享受，不知義務，沒有責任感，人生也沒有方向。

根據美國一項調查結果顯示：繼承15萬美元以上財產的小孩，有二成放棄工作，多數一事無成；他們得到愈多，愈不滿足，甚至失去人生奮鬥的目標。

比較西方社會，中國人避諱談錢，其次，傳統上也都還是留遺產給孩子，而非將財富留給社會。有許多含著「金湯匙」出生的富家子或富家女，一出生就是家財萬貫，成為天之驕子（女），恃寵而驕，一擲千金，結果不是揮霍殆盡，就是坐吃山空，所以有「富不過三代」的情形，這也是真實人生的另一

面寫照。

君子愛財取之有道

　　無論是有錢富豪、中產階級、小康之家或三級貧戶，為了子女好，為了讓子女有人生奮鬥的目標，最好讓子女有「君子愛財取之有道」的觀念，學習自己努力打拚，自己賺取生活費或學會如何投資理財，逐漸累積自己財富，讓子女不但成為社會有用的人，對社會有貢獻，自己也有成就感，這種有形無形的價值更勝於億萬財富。

　　《聖經》上說：「行為純正的義人，他的子孫是有福的。」（箴言20：17）顯然，要讓兒孫有福，不是留太多的財產給兒孫，而是要深謀遠慮，以身作則，有好榜樣，做個行為純正的義人，讓兒孫見賢思齊，起而效法，這才是留給兒孫最好的財富，使兒孫真正蒙福。

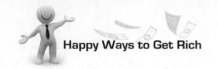

4 不要把金錢困擾留到下一代

金錢不是萬能的，金錢買不到快樂，也買不到幸福，還可能帶來很多困擾，如果把錢財留給下一代，可能會把這個困擾延長到下一代。要子女自己會賺錢，用錢用得心安理得，才是給他們最好的財產。

「大家認為我有很多財富，但是有誰曉得我內心快不快樂，我內心幸福不幸福。」在經歷富士康員工連續跳樓事件的煎熬後，鴻海集團總裁郭台銘在接受大陸央視專訪時，罕見地流露其感性一面，對於財富、工作等人生價值觀也娓娓道來，也算是鐵漢柔情的真心告白。

郭台銘說，「我常羨慕一種人，為興趣而工作，為理想而工作，又能夠賺錢，這是最幸福的。」郭台銘現在每天工作十六個小時，他表示，前面二十年的人生是為錢工作，後面的二十年是為理想而工作，而在往後二十年，將會為興趣而工作。

😊 身為台灣首富，卻不快樂

身為台灣前首富，腰纏萬貫，富可敵國，按理講應該是人

人羨慕的對象，但郭台銘內心卻有「家家有本難念的經」的感觸。他說，「我本身，大家認為我有很多財富，但是有誰曉得我內心快不快樂，我內心幸不幸福，我過去幾年來遭遇到很多的離去，我最親的親屬離我而去，我請了世界名醫都沒有辦法治好，我甚至體驗到金錢不是萬能的，金錢買不到快樂，金錢也買不到幸福，可能會帶來很多不必要的困擾，如果留給下一代，可能會把這個困擾延長到下一代。」

顯然，郭台銘已體認到，金錢不是萬能的，財富真的不能帶給一個人真正的快樂和幸福，只有把財富用到真正需要人的身上，甚至用到社會上，才是快樂的事。

對於決定把財產交付信託一事，郭台銘說：「第二次婚姻時，我就問我太太，必須要簽一個契約，我們要做個抉擇，我要把九成財產捐出去，甚至將來生的小孩，最多只能分到十分之三的財產，妳願不願意？她很爽快地就簽了這個約，現在我們都已完成所有公證和法律手續。」

☺ 不把財富留給下一代

郭台銘強調，不把財富留給下一代，對他們反而是一個激勵。可以讓他們了解賺錢不容易，自己賺來的錢自己來花，用得更心安理得，這是給他們最好的財產。可見郭台銘也贊成不要留太多的財富給下一代，要子女自己努力去賺錢，過著腳踏實地的生活，才是給子女最好的財產。

對於未來的接班人，郭台銘表示，他不會把位子傳給家族

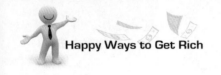

裡的人，他說：「不管是台幹、中幹，只要是能幹，他都可能接我的位子」。他說，互聯網時代的來臨，下面到物聯網，所以一定讓年輕人趕快接班，要培養一群接班人，這是他今後工作的目標。他說，「我一定會在七十歲以前退到第二線。」

顯然，郭台銘對財富的管理及事業的接班佈局，已有周延的規劃；尤其對於財富已有新的體認，認為金錢非萬能，金錢買不到健康與幸福，並認同不把財富留給下一代的觀念。這對許多有錢人和想要追求財富的人，都是很好的啟發與提醒。

有一次，郭台銘在接受訪問時，記者問他覺不覺得自己在過皇帝生活？郭台銘回答說：「我不是皇帝！年終晚會我都是扮地瓜或聖誕老公公，不會扮皇帝，很多報導把我說得太偉大了。我的父親是公務人員，他給我很好的身教，教我們安貧樂道，不該我們的就不該去拿，我們家從小到大都沒有自己的房子，沒有沙發，最好的就是藤椅，但我們不覺得自己貧窮。」

這位台灣前首富說：「我一個月花不超過一萬元，現在有手機，我連手錶都沒戴，我都用人家晚會送的皮包、手錶，用都用不完，我的本性不喜歡去享受。」有錢不滿足，是穿著錦衣的窮人；坐擁許多財富內心卻不快樂，是精神赤貧者。郭台銘雖貴為首富，內心卻認為坐在老舊的藤椅上，比坐在高級真皮沙發上還滿足，不愧是真正的富者。

5 閱「再富也要窮孩子」有感

> 愛孩子，就別寵他、別溺愛他。尤其在錢財的供應上，更是如此！即使再有錢，也要讓孩子知道錢財得來不易，不能任意揮霍；再富有，也要讓孩子學習過貧乏的生活。

前文「別把財產留給子女」，主要在強調別讓孩子不勞而獲、坐享其成地承接父母的財產，如此對孩子只是「愛之適足以害之」，讓他失去努力奮鬥的人生樂趣，反而害了孩子的一生。

有一位網友留言回應分享一句發人深省的話：「積財以遺子孫，子孫未必能守；積書以遺子孫，子孫未必能讀；不如積德以遺子孫，子孫受福無窮。」實在是字字珠璣、非常寶貴！

☺ 過分呵護的孩子不懂感恩

有一篇網路文章「再富也要窮孩子」，作者表示，自從升為人父後，他一再提醒自己要貫徹一個與東方社會價值觀反其道而行的育兒理念——再富也要窮孩子（雖然作者並不富有）。網文的作者之所有這種顧慮，主要是過去受華人「再苦

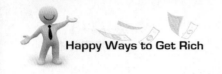

也不能苦孩子」的傳統觀念所影響，對孩子總是呵護備至、有求必應，讓孩子嬌生慣養，有如溫室的花朵，受不了一點風吹雨打、日曬雨淋，即是現在所謂的「草莓族」，毫無抗壓性可言，完全過不了一點苦日子。

直到有一天，作者一位移居澳洲多年的老同學回國探親，及時給他一個當頭棒喝的提醒。他的朋友對他說，澳洲人民生活富裕，然而他們在信奉上帝之餘更信奉：「再富也要『窮』孩子！」的教育理念。他們認為，在過分呵護下長大的孩子將無法自立並且不懂感恩。

作者也分享動物界有一套超越萬物之靈的育兒理念，許多動物在牠們的幼兒很羸弱時，會把牠的幼崽含在嘴裡或護在翼下，怕牠們遇到危險而夭折；但當牠們的孩子長大些，則會毫不留情地把孩子趕離自己身邊，讓牠們獨自去經歷風雨、磨練生活的本領，甚至不給孩子留下回頭路。只有這麼做，孩子才能經得起任何風浪之襲擊，才能夠絕處逢生。

☺ 再富有也要讓孩子學習貧乏

含在嘴裡、護在翼下和趕離身邊（只掛在心上），都是父母對孩子不同的愛的體現，連動物也深懂「慣子如殺子」的道理。所以再富也要窮孩子，才能逼孩子學習獨立前行，學會感恩惜福，畢竟，孩子的後半生，絕大多數的父母是無法參與及陪伴的。

愛孩子，就別寵他、別溺愛他。尤其在錢財的供應上，更

是如此！即使再有錢，也要讓孩子知道錢財得來不易，不能任意揮霍；再富有，也要讓孩子學習過貧乏的生活。不能讓孩子養成飯來張口、衣來伸手的習慣，想要什麼，就有什麼，反正父母有花不完的錢，有錢花，盡量花，這輩子大可好逸惡勞地過日子。長此以往，也就斷送了孩子的一生！

《聖經》上說：「不勞而得之財，必然消耗；勤勞積蓄的，必見加增。」（箴言13：11）而所消耗的，不只是有形的錢財，還包括無形的心志與寶貴的一生；至於所加增的，除了財富之外，還有智慧、能力及豐富的一生。所以聰明的父母，在財富的管理上，務必要做到「再富也要窮孩子」！

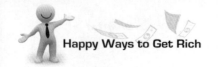

6 把慈善當事業

企業要把慈善公益當事業做，就要投入人力、財力等資源，有計畫、有組織、有目標地推動，甚至成立專責部門，有專責人力執行，而不是徒具虛名、沽名釣譽地做表面工夫；有錢的富人或企業在做慈善公益時，也要避免流於錦上添花，而應多做雪中送炭的事。

2010年年中，世界首富比爾‧蓋茲和巴菲特聯手針對全世界的億萬富豪，發起「捐贈誓言」，呼籲各國富豪至少捐出半數財產，用於社會公益慈善事業（巴菲特宣示，身後將捐出百分之九十九的財產）。各國富豪有欣然響應，慷慨解囊者，也有不以為然，避之唯恐不及者。

☺ 東西方價值觀不同

為此，巴菲特還特別於九月間遠渡重洋飛到中國大陸進行勸募之旅，想要遊說中國富豪捐贈財產，共襄盛舉。眾多中國富豪，除了有被稱為「中國首善」的陳光標響應外，其他多冷淡以對，甚至嗤之以鼻，讓巴菲特碰了一鼻子灰。有人認為東方人和西方人的思想與價值觀不同，西方人有愛心行善的觀

念，把慈善公益當事業在做，東方人則多獨善其身，把財產據為己有。

還有人認為，比爾・蓋茲和巴菲特兩人「想法太天真，教有錢人捐錢做慈善，太難為中國人了！」「中國人的金錢觀與社會觀和美國人相差太遠了，而且有錢人多是沒有社會責任的暴發戶，只想把錢留給子孫！」

看來，想要叫有錢的中國人在死前捐出自己的財產或金錢作為慈善公益之用，真是談何容易！所幸，陳光標語重心長地道出：「死於巨富是可恥的」，也算是深刻自省的良心話，對於眾多腰纏萬貫、拔一毛以利天下而不為的中國富豪而言，更是一記當頭棒喝！

☺ 財富不應據為己有

一個人的財富雖然是自己勞力打拚，經由經年累月所累積而成，但絕不是靠自己可獨力完成，所以財富不應該據為己有，而應「取之於社會，用之於社會」，尤其是一個成功致富的企業主更應有此信念。

把慈善公益當事業做的觀念，對中國人而言可能還不習慣或一時之間還不能接受，還需要努力宣導與推廣；但對台灣的企業而言，近年來已開始重視社會責任的角色，紛紛成立慈善公益基金會，不論其起心動念為何，為了扣抵稅額、建立企業形象或發揮愛心回饋社會等，至少是可喜的現象，值得肯定。

但既然要把慈善公益當事業做，就要投入人力、財力等資

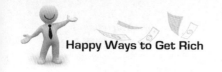

源，有計畫、有組織、有目標地推動，甚至成立專責部門或單位，有專責人力或專業社工人員在負責。否則只是徒具虛名的敷衍了事或沽名釣譽做表面工夫，或是只是在為個人積功德，也就不足可取了。

此外，有錢的富人或企業在做慈善公益時，也要避免流於錦上添花，而應多做雪中送炭的事，切勿把愛心或資源集中在某一特定或具知名度的慈善公益團體，而應幫助那些真正需要幫助的弱勢團體。

😊 施比受更為有福

至於一般中產階級的個人或上班族，發揮愛心助人的善行也可以不落於富人之後，只要心存感恩，不只獨善其身，也要兼善天下，想到「施比受更為有福」，固定把收入的一部分（例如十分之一）捐出，幫助有需要的人，不但是盡社會責任，也是一個很好的理財行為。而且做慈善公益，不是只有捐錢一途，捐出自己的時間做志工，捐血或捐贈器官，都是可行的善行義舉。

《聖經》上說：「你手若有行善的力量，不可推辭，就當向那應得的人施行。」（箴3：27）耶穌也說：「我實在告訴你們，這些事（指愛心慈善的事）你們既作在我這弟兄中一個最小的身上，就是作在我身上了。」（太25：4）

耶穌有一顆憐憫及愛世人的心，有助人的熱忱，看見世人困苦流離，如同羊沒有牧人一般，就憐憫他們；祂常常對人

說：「要我為你做什麼？」多次動了慈心，主動走入人群，幫助窮人及孤兒寡婦，為人醫病、趕鬼、拯救失喪靈魂、與哀哭的同哭、與喜樂的同樂等。耶穌在愛心慈善的公益事上，一向以身作則，親力親為，為門徒及跟隨祂的人起帶頭示範，也是世人的榜樣。

把慈善公益當事業在做，是建立「富而好仁」、「樂善好施」社會的具體作法，無論是企業、富人或個人都應身體力行、樂善好施；尤其是在歲末寒冬之際，更需要發揮愛心，讓人間充滿溫暖。

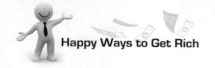

7 錢給需要的人才有用

幫助清寒學生、弱勢族群及有需要的人，大家都可以發揮愛心，何必讓菊嬤一人專美於前呢？只要把每月薪水或每筆所得，拿出十分之一或一定的金額，用在需要的人身上，就是一種愛心善行，日積月累，就是一位了不起的人物。

台東縣中央市場菜販陳樹菊因為多年付出愛心捐款助人的善行，專程赴美接受《時代》雜誌百大英雄獎的表揚，由默默無名的一位市井小民，一夕之間成為國際知名人物；由於媒體緊迫盯人的大肆報導，使陳樹菊嚐到盛名之累的壓力，而感到「害怕」。

顯然，「助人為快樂之本」可操之在我；但要「行善不為人知」，則非自己可完全左右。善行義舉當然應該給予表揚、鼓勵，但不宜過度渲染或英雄化，因為社會上默默行善的小人物所在多有，重點在於如何藉此新聞話題扭轉社會的金錢價值觀，用以教化社會人心，導正社會風氣。

馳名國際的台灣導演李安，在撰文介紹陳樹菊時指出，六十一歲的陳樹菊女士是台東縣菜販，於民國五十二年開始在

中央市場賣菜，儘管賺得是蠅頭小利，收入小康，行善卻毫不吝嗇，前前後後已捐出台幣近一千萬元，幫助孩童基金會及協助母校興建圖書館，還贊助她認養三個小孩的一所台東育幼院。

☺ 錢要用在需要的人身上

　　李安強調，陳樹菊最令人津津樂道的，不在於她的卓越非凡，而是她的為人樸實與樂善好施。他也特別引述陳樹菊的一段談話指出：「錢，要給需要的人才有用。」充分呈現陳樹菊的金錢價值觀，錢不要浪費在奢侈浮華的生活享受中，而要用在需要的人身上，才發揮出金錢的價值。

　　對於一夕成名，陳樹菊並未陶醉在名氣中，雖然成名已對她的生活帶來困擾，但她謙虛地表示：「這沒什麼好報導的，因為我又不是在參加什麼比賽，我也沒有捐很多錢啦。」所以儘管賣菜阿桑陳樹菊，在今年三月間獲《富比士》雜誌選為亞洲地區48位慈善英雄之一，繼而又被美國《時代》雜誌選為2010年度全球百大最具影響力人物，如此殊榮對她毫無影響，她還是凌晨三時起床工作，繼續忙碌且平淡的賣菜生活，活出小市民的「英雄本色」，這才是值得肯定的典範。

　　「錢，要給需要的人才有用。」把錢用在需要的人身上，應該不是一件難事，這也是一種理財方式，是一般人或上班族都可以做到的，誠如陳樹菊所說：「這沒什麼，大家都可以做，捨得與不捨得而已。」

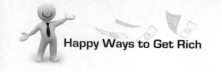

😊 捐錢行善助人共襄盛舉

「我想趕快回市場賣菜！」愛心菜販陳樹菊從美國回到台東後，就迫不及待地想馬上到菜市場賣菜，因為她有一個新計畫，想再存一千萬成立基金會，幫助清寒學生。其實幫助清寒學生、弱勢族群及有需要幫助的人，大家都可以發揮愛心，共襄盛舉，何必讓菊孃一人專美於前呢？只要從現在開始，把每月的薪水收入或每筆所得，拿出十分之一或一定的金額，用在需要幫助的人地身上，就是一種愛心善行，日積月累，無論是否受到社會大眾的表揚及媒體的報導，都是一位了不起的人物。

《聖經》上說：「好施捨的，必得豐裕；滋潤人的，必得滋潤。」（箴言1：25）

「神能將各樣的恩惠多多地加給你們，使你們凡事常常充足，能多行各樣善事。」（林後9：8）所以，捐錢行善助人是每個人都應該做，也是可以做到的，因為神賜給人夠用的恩典，讓人凡事富足，可以多行各樣善事。而愈是行善助人，神所賜的恩典更多，這就是「施比受更為有福」的意義！這和中國老祖宗所說：「己愈給人，己愈有；己愈予人，己更多。」的道理不謀而合，相互呼應，這也是上班族的理財之道！

8 窮得只剩下快樂

> 再多的財富都是身外之物,「生不帶來,死不帶去」,也都會朽壞;唯有心靈的充實、滿足與富有,才能存到永遠,也才能帶來快樂的生活。

現代社會雖然貧富差距愈來愈大,但有錢人並不一定富有,例如有的人「窮得只剩下錢」,除了有錢之外,其他方面則是貧乏的,甚至每天為財富的增減憂心,悶悶不樂;至於一窮二白的人,有的人「窮得只剩下快樂」,雖然物質貧乏,精神層面卻是富有的,尤其每天都過得很快樂,也就感覺很滿足,一無所缺。

2010年,馬英九總統走訪南太平洋的友邦,在只有廿六平方公里(約為台北市的十分之一大)的友邦吐瓦魯,與來自台灣的志工在異國他鄉相遇,其中一位在吐瓦魯協助觀光行銷的國際合作發展基金會志工林芳瑜,笑容甜美,被當地人暱稱為「Misikata」(意指微笑的女生)」;馬總統對林芳瑜的親切笑容,留下深刻的印象:「看到妳就感受到台灣的微笑與友情,這是最好的外交。」

林芳瑜對於當地的物資缺乏,並不以為苦,反而入境隨

俗，每天過著簡單、樸實的生活，雖然物質貧乏，心靈卻是富有的；因為她已被當地人的熱情所感染，不時收到當地人送她一條魚，就夠她吃好幾餐。因為沒有物質欲望的追求，生活沒有壓力，每天都很快樂，笑容自然掛在臉上。

「把存款放在最後，把家人、島嶼放在最優先，或許吐瓦魯居民是世上最富有、最快樂的一群人。」另一位來自台灣的環保志工吳郁娟，也在吐瓦魯深刻體會到什麼叫「窮得只剩下快樂」。

皮膚曬得黝黑的吳郁娟說，她對物質的要求不高，環境愈艱辛，更能深刻體會什麼才是最重要的。吳郁娟說：「所謂貧窮，是經濟學家定義出來的，我卻覺得這裡的人窮歸窮，卻擁有比你我更大的快樂。」

所以，有的人「窮得只剩下錢」，有的人「窮得只剩下快樂」，到底錢財重要？還是快樂重要？你要過有錢卻不快樂的生活，還是要過貧窮卻快樂的生活？每個人都有自己的價值觀與抉擇，但要做出智慧的抉擇。

《聖經》裡耶穌說：「不要為那必壞的食物勞力，要為那存到永生的食物勞力。」（約翰福音6章27節）這句話也可以衍伸為：「不要為那必壞的財富勞力，要為那存到永生的財富勞力。」再多的財富都是身外之物，「生不帶來，死不帶去」，也都會朽壞；唯有心靈的充實、滿足與富有，才能存到永遠，也才能帶來快樂的生活；尤其是一個人生命的改變與更新，才是永恆的財富。

《窮得只剩下錢》的省思

> 財富並非人生首要，當人賺得金錢卻失去其他，人生就是「窮」到只剩錢相伴了。真正富有的人，不是物質豐富、腰纏萬貫的人，而是心靈富有、生命富有的人。

　　台灣前第一家庭的公子陳致中，有一天到土城看守所探望父親陳水扁，隨手攜帶了一本書，書名是《窮得只剩下錢》，似乎與乃父現今的處境十分貼切，既傳神又諷刺，不知陳水扁讀後感想如何？反而社會大眾認為用此書名來形容陳水扁，真是神來之筆，令人拍案叫絕，一時之間，好奇者眾，紛紛搶購此書，造成洛陽紙貴的盛況。

　　有人窮得只剩下錢，而且不是一點錢，而是很多錢，除了「海角七億」外，陸陸續續又挖出許多金庫、密帳，累積起來已數十億之多；有些富豪財主腰纏萬貫，坐擁金山、銀山，別說這輩子花不完，還富及子孫三代。

　　相對於現在許多上班族要面對裁員、減薪的壓力，不僅飯碗不保、荷包縮水，甚至房貸、車貸及卡債都要繳不起，窮到幾乎捉襟見肘、囊空如洗，只能勉強維持溫飽度日；在社會

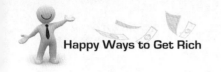

更底層的角落處，更有付不起房租、生活費沒有著落及三餐不繼，而走投無路者，真是窮得只剩下爛命一條。在此景氣寒冬時刻，更令人感到淒涼無比。

這也是目前M型社會兩個極端的真實寫照。後者固然可憐，然而前者則令人可悲！陳水扁曾身為國家元首，主政八年，政績功過暫且不論，其與第一夫人牽手又聯手，不擇手段的聚斂錢財，貪婪各式珠寶精品，累積出富可敵國的財富，但結果卻是名譽掃地、人格破產、眾叛親離、身繫牢獄之災，且舉家皆成貪污被告，真是「窮得只剩下錢」！什麼都沒有，就是錢多！就整個生命價值的衡量而言，陳水扁其實已成「赤貧」。

😊 心靈富有勝於坐擁金山

所以一個人是否富有？不是單看其有形的錢財，還要檢視其心靈及精神層面的涵養是否豐富，例如心靈是否平安、精神是否快樂？甚至個人形象、人際關係及社會評價如何？唯有有形財富與無形心靈資產皆充實的人，能活出生命價值與意義的人，才是真正富有的人。

所以《窮得只剩下錢》一書的作者王陽明牧師特別在書中強調，財富並非人生首要，當人賺得金錢卻失去其他，那樣的人生是「窮」到只有錢相伴了。

人生有兩條路：「生活的路」與「生命的路」，前者追求食衣住行、功名富貴；後者追求平安喜樂、永恆的歸宿。

　　王陽明指出，如果「生活的路」富有，而「生命的路」貧窮，雖然豐衣足食卻不安空虛，這就掉入「窮得只剩下錢」的困境；因此人千萬不要一生奮鬥下來，落得「只剩下帶不走的錢」！《聖經》也特別提醒世人：「人若賺得全世界，賠上自己的生命，又有什麼益處呢？人還能拿什麼換生命呢？」

　　亞歷山大大帝在征服歐洲後，已天下無敵，權傾一時。他雖然享受榮華富貴的生活，每天穿著綢緞華服，吃山珍海味，但卻心靈空虛，悶悶不樂。

　　有一天，亞歷山大昭告群臣，有誰能告訴他快樂的方法，必有重賞；數日後，果然有一位大臣向亞歷山大稟告：「只要找到世上最快樂的人，然後穿上他的襯衫，陛下就會快樂起來了。」

　　亞歷山大得知後，立即通令全國上下開始尋找世上最快樂的人，經過幾天後，終於找到世上最快樂的人，此人無憂無慮，整天快樂地歌唱，笑臉迎人，也四處散播歡笑；可是他卻衣不蔽體，身上只有幾片破布裹身，窮得連一件像樣的衣服都沒有，更別說有襯衫可穿了！

☺ 真正富有是感到滿足的人

　　顯然，擁有世上一切財富權勢的人，不一定快樂（富有）；窮得一無所有的人，也可以成為快樂（富有）的人。所以一個快樂（富有）的人，快樂（富有）的來源絕非來自物質的享受或擁有金山銀山，也非有權有勢，而是內心真正的無憂

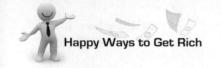
無慮、無牽無掛，在簡單平淡的生活中，怡然自得，有說不出的平安喜樂。

猶太諺語：「所謂富裕的人，是對自己的所有物質能感到滿足的人。」美國CNN有線電視網創辦人泰德・透納說：「金錢買不到進入天堂的門票！」真正富有的人，不是物質豐富、腰纏萬貫的人，而是心靈富有、選擇走「生命的路」，讓生命富有的人。耶穌基督說：「我來，是要叫人得生命，並且得到更豐盛！」這才是真正富有的人生！

所以，處於人生困境的人，即使再窮，也不必羨慕陳水扁或其他有錢的富豪；因為有錢人有有錢人的煩惱，富如陳水扁如今官司纏身，也失去人身自由。一個人要珍惜自己所有的，因為有人「窮得只剩下錢」，你卻可以窮得除了沒有錢，但可以擁有親情、友情和愛情，以及一夜好眠和自由自在人生，這也是一種富有！

CHAPTER
02
幸福富道理

金錢買不到親情、愛情、健康、幸福的家庭及寶貴的生命。所以，金錢不能成為人生努力追求的唯一目標，甚至不能取代以上金錢所買不到的事物。

HAPPY WAYS TO GET RICH

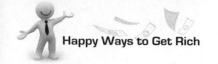

10 幸福感是人生一大財富

> 凡事心存感恩，樂於分享助人，就可以創造或感覺到人生的幸福。幸福是無價的，也是有錢也買不到的，所以幸福感是人生的一大財富，也是一種無形財富。

筆者在「台灣《聖經》網」的網頁閱讀到一篇文章：「哈佛大學今年最受歡迎的一堂課」，獲益匪淺，也在此分享一些心得與領悟。

一般人一提到哈佛大學這個舉世著名的大學殿堂，不禁會肅然起敬，以為所開的課都是莫測高深的專門學問。但出人意外地，前述提到哈佛大學今年最受學生歡迎的一堂課，在選修課排行榜上最夯的是「幸福課」，選修人數達850人之多，超過了王牌課《經濟學導論》的人數，讓授課講師也大感意外。而教這門課的是一位名不見經傳的年輕講師，名叫泰勒‧本－沙哈爾（Tal Ben-Shahar），自稱是一個害羞、內向的人。

顯然，泰勒的「幸福課」內容頗能打動人心，切合現代人心的需要，所以修這門課的學生逐年增加，使「幸福課」叫好又叫座。現在許多功成名就的人，或是許多有錢的富豪，似乎過得並不快樂，人生什麼都有，就是缺少幸福；就算「窮得只

剩下錢」，也只是錢多，卻絲毫沒有幸福可言。

許多在職場奮鬥打拚的人，辛苦了大半輩子，到頭來卻發覺不知「為誰辛苦？為誰忙？」儘管職位愈爬愈高，薪水愈領愈多，卻常感嘆：「高職不如高薪，高薪不如高興。」工作得不快樂、不高興，自然沒有幸福感可言，經常萌生不如歸去的念頭。至於下焉者，中年失業者所在多有，更是離幸福生活極為遙遠。

☺ 幸福是至高財富

人生在世到底要追求什麼才是最重要的？泰勒堅定地認為：幸福感是衡量人生的唯一標準，是所有目標的最終目標。他的理論是：「人們衡量商業成就時，標準是錢。用錢去評估資產和債務、利潤和虧損，所有與錢無關的都不會被考慮進去，金錢是最高的財富。但是我認為，人生與商業一樣，也有盈利和虧損。」

「具體地說，在看待自己的生命時可以把負面情緒當作支出，把正面情緒當作收入。當正面情緒多於負面情緒時，我們在幸福這一『至高財富』上就有盈利了。」

「所以幸福，應該是快樂與意義的結合！一個幸福的人，必須有一個明確的、可以帶來快樂和意義的目標，然後努力地去追求。真正快樂的人，會在自己覺得有意義的生活方式裡，享受它的點點滴滴。」

泰勒希望他的學生，學會接受自己，不要忽略自己所擁有

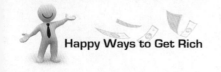

的獨特性；要擺脫「完美主義」，要「學會失敗」。泰勒還為學生歸納簡化出10個重點項目，包括：1：遵從你內心的熱情。2：多和朋友們在一起。3：學會失敗。4：接受自己全然為人。5：簡化生活。6：有規律地鍛鍊身心健康。7：充足睡眠。8·慷慨助人。9：勇敢向前。10：心存感恩，表達感激。

仔細分析以上泰勒的論點，其實可謂是卑之無甚高論，只是常被一般人所忽略，所以追求幸福不是什麼高深學問，而要從小處做起。就像一個寓言故事說，有一隻小貓一直咬著自己的尾巴在原地打轉，貓媽咪看到了，就問小貓：「寶貝，你為什麼一直咬著自己的尾巴在原地打轉呢？」小貓回答說：「因為幸福在尾巴上，我在找幸福啊！」貓媽咪告訴小貓說：「你只要昂首闊步往前走，幸福就自然跟上來了啊！」這也就是泰勒鼓勵人要勇敢向前，面對人生的挑戰，不要懼怕，凡事多從正面思考，幸福就自然會尾隨而至。

☺ 心存感恩可以創造幸福財富

在童話故事的結尾，通常會有一句千篇一律的註解：「從此王子和公主過著幸福快樂的生活！」可見幸福快樂對一個人是何等重要，如果一個人的一生都能過著幸福快樂的生活，的確是美好的人生，足以死而無憾矣！

《聖經》上說：「人若賺得全世界，賠上自己的生命，又有什麼益處呢？」同樣地，人若賺得全世界，賠上自己一生的幸福，又有什麼益處呢？所以不要強求名利財富，儘量過簡單

的生活，「有衣有食，就當知足」，再加上凡事心存感恩，樂
於分享助人，就可以創造或感覺到人生的幸福。而幸福是無價
的，也是有錢也買不到的，所以一個人的幸福感，是人生的一
大財富，也是一種無形財富，其重要性更甚於有形財富。

對於基督徒而言，追求幸福固然很重要，但卻不是像泰
勒所主張幸福感是衡量人生的唯一標準，是所有目標的最終目
標。因為人生除了追求個人的幸福之外，應該還有更遠大或寬
廣的目標，追求個人的幸福只是「獨善其身」，能夠創造眾人
的幸福，即是「兼善天下」，這種人生豈不更好？追求個人幸
福，可以視為創造個人的財富；創造眾人的幸福，則是塑造另
一種「均富」的社會，對人類的貢獻當然很大。

但無論是追求個人幸福，或是創造眾人的幸福，一定要找
到幸福的源頭，一切美善的恩賜與幸福的人生，主要來自於認
識上帝、敬畏上帝，過著愛神愛人的生活，自然就能擁有人生
的一大財富——幸福感。這種人不但自己是幸福的人，也可以
帶給很多人幸福。

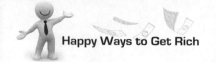

11 珍惜及創造無形財富

> 一句稱讚或鼓勵的話，可以激勵、鼓舞人心，也利人利己，可謂價值連城！生活中，有許多無形財富，都是非常可貴的，值得珍惜或創造，可以推己及人，兼善天下，讓自己和他人更富有。

如果一句「我愛你」，價值台幣873萬元。那你每天對另一半或你所心愛的人說一聲「我愛你」，不就等於送873萬元給另一半或你所心愛的人。只要動動口，不費吹灰之力，就可以創造及送出一筆「財富」給心愛的人，何樂而不為！

再依此類推，如果經常對人稱讚或鼓勵說：「你好棒」、「妳長得很漂亮」、「你的文筆很好」、「你很有愛心」、「你唱歌唱得很好聽」、「妳的手藝不錯」……與「我愛你」的價值台幣873萬元相比，沒有500萬，也有300萬的價值。這意味著經常「說好話」，等於「開金口」，不但可以贏得別人的好感，建立良好的人際關係，還能有益於事業的發展。

☺ 人脈就是錢脈，價值連城

在職場上，人脈就是錢脈，一個人廣結善緣，有好的人

脈關係，往往有助於他容易遇見貴人，讓他的事業發展左右逢源，如換算成金錢的價值，是無法估計的。所以一句話，一句稱讚或鼓勵的話，可以激勵、鼓舞人心，也利人利己，可謂價值連城！

英國出版的一本新書，將一般人重視的人生經驗和中樂透大獎的開心程度相比，計算出這些人生經驗的具體價值。其中，對心愛的人說「我愛你」一句話，價值約台幣873萬2200元。

這本書的書名是《你真的很富有，你只是還不知道！》，由某廣告公司主管亨利（Steve Henry）與艾伯茨（David Alberts）兩人合著，對英國一千多位民眾進行訪問、調查。試著和大家分享另一種衡量富有的價值觀。

調查人員列舉50個不同的人生情境與經驗，再將中樂透大獎所帶來的愉悅程度作比較，用金錢評等系統計算這些讓受訪者開心的事件，所帶來的實際金錢價值。

☺ 健康是人生重要資產

調查發現，受訪者認為身體健康是最重要的資產，價值約台幣962萬元，排名第一。伴侶對你說「我愛你」排名第二，價值約台幣873萬2200元。穩定的感情生活排名第三，價值約台幣827萬元。

被受訪者列出其他人生最棒經驗的前十名還包括：居住在寧靜與安全的國家（686萬元），養育小孩（655萬），與家人

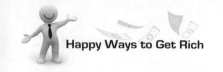

相聚（583萬），享受魚水之歡（558萬），度假（486萬），享受寧靜時刻（476萬）。

　　透過受訪者的人生經驗及換算成實際金錢價值的結果顯示，人生除了金錢，還有更重要的事；真正的財富來自健康與穩定的感情。這完全符合「健康就是財富」及「和氣生財」的老生常談，卻也充滿人生智慧的說法。

　　許多人汲汲營營地追求財富，卻不知財富不能滿足人心，也不是人生的最大依靠，真正的財富是身體健康與穩定的感情。因此，作為一個上班族，除了辛苦工作賺錢外，還要珍惜及創造生活中的許多無形財富。例如，擁有健康的身體，價值何止只值台幣962萬元？有健康的身體，才能工作賺錢，累積財富，其價值甚至遠超過台幣962萬元。反之，如果失去健康的身體，不但不能工作賺錢，甚且還要不斷花錢在龐大的醫藥費上，有的甚至傾家蕩產。或是一個人擁有億萬財富，卻失去健康的身體，也無福可享受。

☺ 一句「我愛你」勝過千萬金

　　至於經常對心愛的人說「我愛你」，心愛的人聽在耳裡，心裡一定很高興，甚至心花怒放，比中樂透還高興。常常對心愛的人說「我愛你」，一定能促進彼此的感情加溫，讓愛情或親情穩定發展，以致家和萬事興。所以一句「我愛你」，價值勝過千萬金。

　　至於其他人生經驗：居住在寧靜與安全的國家、養育小

孩、與家人相聚、享受魚水之歡、度假及享受寧靜時刻等，對一個已成家的人而言，都很重要，且都價值不菲。 如果你已擁有以上六項人生經驗的每一項，按照該書換算出的價值，總計等於擁有3,444萬元的財富，但許多人視為理所當然或不放在心上，誠如這本書名所說的：「你真的很富有，你只是還不知道！」

　　《聖經》上說：「眾人以為美的事，要留心去做。」以上多數人所認為最棒的人生經驗及其所創造有形或無形的財富，都是非常可貴的，值得留心或用心去珍惜或創造，進而以推己及人，兼善天下，讓自己和他人更富有。

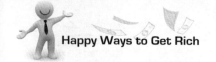

12 原來我這麼富有

> 生命是無價的，萬勿輕言放棄生命。只要肯努力工作，就算負債累累也總有還清的一天；就算身無分文，其實自己所擁有的「身價」還是很可觀的。

　　放眼今日台灣已步入M型社會，富者愈富，窮者愈窮，貧富差距愈來愈大。富豪大老闆所住的上億元頂級豪宅，一般人根本望塵莫及，就算是薪水階級的上班族，如果月入五萬，不吃不喝，也要存160年的時間，才有可能買得起。

　　台北市一般普通三房兩廳的公寓，也要1000萬左右，月入五萬的上班族，不吃不喝，也要存16年以上才買得起。如果再加上通貨膨脹的因素，上班族想要買房子更是難上加難，只有望屋興嘆。

　　目前整個大環境時好時壞，有很多不確定的因素，讓許多人不知明天是否會更好？尤其，物價一直漲，惟獨薪水不漲。加上辭職容易，找工作難，所以民眾荷包普遍縮水，多數都在咬牙過苦日子。面對高房價、高油價、高物價的時代，許多人對未來生活感到悲觀，沒有盼望。有些卡債族更是被卡債逼得喘不過氣來，只好藉由尋短以求解脫，實是社會、家庭的不

幸。

在艱困的環境中，除了寄望政府加快發展經濟的腳步，提高就業機會及國民所得，縮短貧富差距外。個人也要有危機意識及心理建設，坦然面對現實環境及勇於突破，才能化危機為轉機。

尤其生命是無價的，萬勿輕言放棄生命。只要肯努力工作，就算負債累累也總有還清的一天。天無絕人之路，人的盡頭，是神的起頭。只要有信心，總是可以度過難關的。

其實我們不用羨慕有錢人，有錢人也有有錢人的煩惱，多數有錢人並不快樂。《聖經》上說：「只要有衣有食，就當知足。」「不要倚靠無定的錢財，只要倚靠那厚賜百物給我們享受的神。」所以，雖然日子過得貧窮，生活困苦，但可以憑信心仰望、依靠厚賜百物或財富給我們的神，讓我們生活有衣有食，沒有缺乏。

以下是兩篇網路文章，希望能對目前被財務所困的朋友有所啟發。就算身無分文，其實自己的「身價」還很可觀，甚至還很富有，所以不要小看自己所擁有的「財富」。

第一篇文章名稱是「原來你也很富有」，內容如下：

有一位青年，老是埋怨自己時運不濟，發不了財，終日愁眉不展。

有一天，一個白髮老人朝他迎面而來，問他說：「年輕人，你為什麼不快樂？」

「我不明白，為什麼我總是這麼窮？」

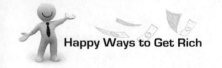

「窮？你很富有嘛！」老人由衷地說。

「這從何說起？」年輕人不解。

老人反問道：「假如切掉你一根手指頭，給你1千元，你要不要？」

「不要。」年輕人回答。

「假如砍掉你一隻手，給你1萬元，你要不要？」

「不要。」

「假如使你雙眼都瞎掉，給你10萬元，你要不要？」

「不要。」

「假如馬上把你變成80歲的老人，給你100萬，你要不要？」

「不要。」

「假如讓你馬上死掉，給你1000萬，你要不要？」

「不要。」

「這就對了，你已經擁有超過1000萬的財富，為什麼還哀歎自己貧窮呢？」老人笑吟吟地問道。

青年愕然無言，這才恍然大悟起來。

第二篇文章名稱是「心靈導航」，內容如下：

親愛的朋友，如果你早上醒來發現自己還能自由呼吸，你就比在這個星期中離開人世的人更有福氣。如果你從來沒有經歷過戰爭的危險、被囚禁的孤寂、受折磨的痛苦和忍饑挨餓的難受……你已經好過世界上5億人了。

如果你的銀行帳戶有存款，錢包裡有現金，你已經身居於世界上最富有的8%之列！

如果你的雙親仍然在世，並且沒有分居或離婚，你已屬於稀少的一群。

如果你能抬起頭，面容上帶著笑容，並且內心充滿感恩的心情，你是真的幸福了——因為世界上大部分的人都可以這樣做，但是他們卻沒有。

如果你能握著一個人的手，擁抱他，或者只是在他的肩膀上拍一下……你的確有福氣了——因為你所做的，已經等同於上帝才能做到的。

親愛的，如果你能讀到這段文字，那麼你更是擁有了雙份的福氣，你比起20億不能閱讀的人，是不是幸福許多嗎？看到這裡，請你暫且放下書，然後非常認真地對自己說一句話：「哇！原來我是這麼富有的人！」

看完以上兩篇文章，希望目前深處苦日子的閱讀者能豁然開朗，恍然大悟！了解到「原來我這麼富有」！「原來我這麼幸福」！其實自己並不窮，還沒有到一窮二白的地步，只要「留得青山在」，總有扭轉乾坤，反敗為勝的一天。

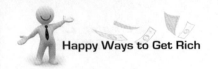

13 年輕是本錢也是資產
——為徬徨無助的年輕朋友加油打氣

> 把握青春歲月，只要人生還年輕，失去的金錢，還可以再賺回來；所經歷的一切挫折與逆境，則可累積成為人生的智慧，一生受用。

Dear friend:

很高興拜讀你的來信，更欣慰你喜歡《聖經》裡的：「喜樂的心乃是良藥，憂傷的靈使骨枯乾。」這一段經文，希望對你有所幫助，能帶給你一顆喜樂的心。

很驚訝你還這麼年輕，就已經有這麼多的人生經歷。所謂「不經一事，不長一智」，不管以前的經歷如何，或是遭受到一些挫折打擊，總是已成過眼雲煙，也是人生成長的過程，美好的事物就把它留存在回憶中，不好的事物就把它忘掉吧！但要從中記取教訓，學習到可用的功課，不要再重蹈覆轍！《聖經》上說：「忘記背後，努力面前的，向著標竿直跑！」往者已矣，來者可追。

你所希望的：「能有一個家，和心愛的人一起旅行，走遍每個地方，一起吃美食，一起看電影，一起聽音樂會，一起玩

樂，做想做的事⋯⋯然後隨著歲月慢慢老去、消失，這樣就可以了！」這也是我所嚮往的人生，或許也是許多人想過的幸福生活。

過去我曾經過著如此令人稱羨的生活，但畢竟世事變化無常，不但計畫趕不上變化，而且因為很容易相信朋友、同事及他人，而上當受騙多次以致損失慘重，只能當作繳了一些學費，學了一些功課和教訓。所幸，人生還年輕，失去的金錢，還可以再賺回來；所經歷的一切挫折與逆境，卻可累積成為人生的智慧，一生受用。

「比上不足，比下有餘」，現在整個大環境差，許多人甚至三餐不繼、走投無路，所以只要身體健康、全家平安、有衣有食，就當知足感恩！雖然還有一些人生夢想，但已學會凡事不強求，只要順其自然就好，甚至只要過著平凡、平淡、平安的生活就好。是不是年紀大了，還是心態已趨老化了？所以想法比較保守、消極，不再有雄心壯志或是人生夢想？想起來都覺得歲月不饒人，不禁有點感嘆、傷感和無奈！

但你還年輕，務要在徬徨無助中振作起來，年輕就是本錢，也是最彌足珍貴的資產，要好好珍惜、把握青春歲月，只有「青春一去不復返」，其他一切從頭再來或重新出發都還來得及，只要有開始就不嫌晚！所以你千萬不要再唉聲嘆氣或怨天尤人，如此於事無補也徒然無益，還是要堅持一些人生夢想，努力充實各方面的能力，提升自己的競爭力，追求自己想要的人生，讓美夢成真，才不枉此生！

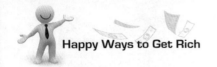
14 讓金錢發揮最大價值

> 金錢是有價的，也是有限的，只要肯努力，錢是可以再賺的。如果能以有限的價格換取無限的價值，絕對是划算的買賣。

「三輪車跑得快，上面坐個老太太，要五毛給一塊，你說奇怪不奇怪！」

這是一首許多人耳熟能詳的兒歌，描述老太太乘坐三輪車，大概是當天心情好，或是體貼三輪車伕的辛苦，所以在付車資時，三輪車伕要五毛，老太太卻很大方的給一塊，而且不用找零。三輪車伕拿到老太太的額外打賞，一定喜出望外，鞠躬哈腰地連聲道謝，老太太的心情就更高興了。日後，三輪車伕在搭載老太太時，也一定服務得更好、更親切！

老太太雖然多付了五毛車資，卻讓三輪車伕和自己都很快樂，而且讓三輪車伕更有服務的熱誠與動力，老太太的這五毛錢不但花得值得，而且充分發揮五毛錢的價值，把五毛錢極大化；所以經此一分析，老太太要五毛給一塊的慷慨行為，不但不奇怪，而且很有智慧，因為她知道怎樣使用金錢，讓金錢發揮最大的價值！

在金錢的使用與理財上，固然要「當用則用，當省則省」、「把錢花在刀口上」，但有時候要看價值勝於價格，有些事是金錢所買不到的，例如健康、快樂、幸福的婚姻、好的胃口及一夜好眠等。如果有一天你失去了健康、快樂、幸福的婚姻、好的胃口及一夜好眠，但有一種藥方或祕方，只要你付出一筆金錢，就可以買到健康、快樂、幸福的婚姻、好的胃口及一夜好眠，當然要毫不考慮地立刻拿錢去買，甚至再高的價錢都要欣然接受。

😊 健康快樂是無價的

因為，健康、快樂、幸福的婚姻、好的胃口及一夜好眠，其價值是無價的，或是無限的；一旦失去健康、快樂、幸福的婚姻、好的胃口及一夜好眠，很難再用金錢買回。而金錢卻是有價的，也是有限的，只要肯努力，錢是可以再賺的。如果能以有限的價格換取無限的價值，絕對是划算的買賣。

老太婆只多花了五毛車資，卻讓三輪車伕和自己都很快樂，等於用有限的金錢，買到無限的快樂，這錢當然花得值得；「錢財是身外之物」，有時候人真是要學會把錢看開一點、看淡一點，不要當守財奴，若是有能力，就對付出勞務的人，多給付一點報酬，或是經常捐款幫助需要幫助的人，如此心存感激又皆大歡喜，把金錢發揮到最大用處，讓「錢超所值」，何樂而不為！

一般人到傳統市場買菜，多少會向老闆討價還價，或是

多要點蔥蒜,好佔點便宜。但美髮美容界的名人朱平,卻反其道而行,不但不殺價,反而額外多給老闆。他在一次演講中分享,他每天早晨都會去逛傳統市場,並刻意製造一些快樂給賣菜的老闆們。例如,他買了23元的菜,就拿30元給老闆,然後說:「老闆,23元算25元,找我5元就好。」

這些菜販們拿到錢後,當場大致有以下四種反應——第一種:起初非常驚訝,之後非常開心地找了5元,連聲道謝。第二種:老闆堅持找7元,不佔客戶便宜,但感覺得到老闆很開心。第三種:老闆多送點蔥蒜,也很開心。第四種:最高竿的老闆說:「我幫你湊30元好了,一共是32元,算你30元就好!。」

朱平多付2元,原本是要讓老闆佔便宜的,老闆反過來卻讓客戶多買又有佔便宜的感受,更讓買賣雙方都很開心且快樂起來,真是花小錢製造快樂與幸福,這也是用錢及理財的智慧!

《聖經》裡耶穌說:「你們要給人,就必有給你們的,並且用十足的升斗,上尖下流地倒在你們懷裡。」讓別人快樂,自己也快樂,有時多給別人,自己得到的更多,並且從上帝那裡得到額外的賞賜。這就是「施比受更為有福」的道理!

15 價值vs.價格

> 有些人生事物不必太在乎其價格，尤其有些東西是金錢買不到的；如果金錢可以買到金錢所買不到的東西，以有價換取無價，就是物超所值，這也就是價值勝於價格！

金錢要發揮最大的價值，即是錢不但要花在刀口上，而且要讓金錢的價值發揮得淋漓盡致，例如一塊錢能夠產生五塊或十塊錢的效益（價值），讓人感覺到這個錢（價格）花得真是值得。

在理財或消費上，如果能做到「物超所值」，是最理想不過的目標；換言之，在理財或消費時，價值勝於價格。如果是確有其價值的事物，花再多的金錢（價格），也都值得；反之，如果是沒有價值的事物，花錢等於浪費，則可一毛不拔。

例如，筆者想買一雙鞋代步，為了省錢，就在住家附近一家體育用品店，選了一雙價格便宜（特價800元）但不具品牌（雜牌）知名度的普通皮鞋；結果，這雙鞋子才穿不到三個月，兩隻鞋的鞋底均嚴重斷裂（不只是龜裂，而是整個橫切面裂開，幾乎快要開口），一遇雨天，鞋子即進水，兩隻腳丫子

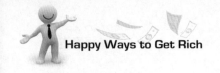

濕漉漉的，真是不好受。

把鞋子拿去給專業的修鞋匠修理並先詢價，換一雙鞋底要價1000元，比原來鞋子的價錢還高；仔細盤算，鞋子的材質不佳，不知皮面還能撐多久，花1000元換鞋底，新舊不合，似乎也就沒有必要花這個冤枉錢，一雙鞋子穿不到三個月，就此宣告壽終正寢。

這讓我想起來，五年前我在百貨公司的皮鞋專櫃買了一雙義大利進口的名牌鞋，定價要11000元，確實價格不菲，但還好當時正在做週年慶活動，打對折優惠，只要5500元，加上外型及材質均屬上乘，當下即請專櫃小姐打包回家。如今，已穿了五年，換過兩次鞋底，無論晴天或雨天出門，穿在腳上仍覺非常舒適。

前後兩雙鞋做比較，一雙5500元，穿了五年；另一雙800元，只穿了三個月。哪一雙比較有價值？顯然是價格貴的鞋子較有價值。因為，如果一雙鞋子800元，只穿能三個月，一年要更換四雙鞋子，五年共需更換二十雙鞋子，共花費16000元，比買名牌鞋還貴得多。

經過如此比較，果然「一分價錢一分貨」，仔細一想，有時為了省錢反而浪費錢或多花錢；起初多花一點錢，後來卻省了不少錢，也省了不少事。

所以，有些名牌精品價格貴，不是貴得沒道理，光看其設計造型、材質、耐用度、品質保證及售後服務，就讓人覺得物超所值。當然，作者不是鼓吹或鼓勵一定要買名牌精品，或

名牌精品的品質就一定好。有些名牌精品走奢華路線或限量供應，價格不但昂貴，而且貴得離譜嚇人，就沒有此必要花這個錢。

　　例如一個鱷魚皮包要價一百餘萬元，完全走極度奢華風，除非是演藝人員或貴婦買來炫耀財富，否則一般人實在沒有必要如此奢侈敗家。

　　言歸正傳，在花錢購物消費時，重點不在於價格多少，而在於其價值，如果能「物超所值」或「物美價廉」，當然是首選。如果價格貴一點，卻品質好，比較耐用，當然比價格便宜，卻品質欠佳的東西要來得好。

　　2009年4月25日聯合報「名人堂」專欄，刊出樂評家焦元溥所寫的一篇文章：「樂在趁火打劫時」，文中提到倫敦的物價昂貴在全球名列前茅，但藝文表演的門票卻相當便宜，以台北和倫敦的物價水準相較，大約是1：2之比，但台北和倫敦藝文表演的門票價格卻平均是4：1，台北顯然貴得多。

　　以最近來台灣表演的基洛夫芭蕾舞團（Kirov Ballet）為例，門票從最低800元起跳，到最高票價6000元（企業贊助票8000元）。而同樣在倫敦皇家歌劇院演出，最低票價英鎊10鎊，最高95鎊，台幣5000元有找（英鎊兌換台幣以1：50換算）。兩相比較，台北票價確實比倫敦貴。

　　雖然台北的票價比倫敦貴，但有人說不必花機票錢，大老遠的遠渡重洋到國外看表演，在自己國家就能欣賞到一流的演出，也算是物超所值。這種說法可謂言之成理。

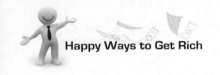

　　但焦元溥則有不同的算法，他說，在倫敦欣賞一場樂團演出門票，最高約台幣2500至3750元，台北則要4800至8000元，平均一場價差約2500元至5000元不等，十場可省25000元至50000元以上，等於賺到台北到倫敦的來回機票及住宿。而倫敦是世界藝術重鎮，每天都有各種來自不同世界一流的專業藝文表演，去一趟倫敦，一次可以盡覽各項一流藝術饗宴。加上現在到英國觀光免簽證，旅行業也紛紛推出各項優惠專案，所以專程到倫敦欣賞各項藝文演出及表演廳院的建築之美，快樂享受音樂舞蹈的視聽感官之美，再優哉游哉地觀光遊覽，確實是屬於物超所值的行程。

　　看來，在國內欣賞藝文表演或專程到國外觀賞藝術表演，除了各有所好外，每個人對金錢使用、出發點及各自的偏好角度，分別呈現不同價值的主觀看法，都應給予尊重，反正只要自己覺得物超所值、自己喜歡就好；所以有些人生事物，不必太在乎其價格，尤其有些東西是金錢買不到的（屬於無價的），如果金錢可以買到金錢所買不到的東西，以有價換取無價，就是物超所值，就有其存在或擁有的價值，這也是價值勝於價格的重點所在！

16 追求永恆財富

> 錢財是短暫有限的，生不帶來，死不帶去；身心靈的健康、平安和喜樂，則是長久無限的財富。尤其是，追求心靈的充實與滿足，更是永恆的財富。

在經過全球金融大海嘯的「洗禮」後，許多舉世知名、歷史悠久、資產雄厚的百年大企業，不是瞬間瓦解倒閉，就是亟需金援紓困才能存活；許多腰纏萬貫的大富豪竟然也宣告破產，甚至有人承受不住龐大財富在一夕之間從人間蒸發消失，而自殺身亡。此時，許多人恍然大悟，錢財實在不可靠，再多的財富都是身外之物，隨時會離開人而遠去。人生在世，非常短暫，生命壽數非常有限，人應該追求的不是不能依靠的錢財，而是可以永久保存的永恆財富。

☺ 上班族首要夢想──全家平安健康

台灣的《商業周刊》做了一份「工作族心願調查」，針對上班族在不景氣的惡劣環境中有何心願進行訪問調查，結果統計出五個「小夢想」，出人意料之外的，上班族排名第一的夢想不是想成為億萬富豪，或是擁有豪宅，而是：「全家平安

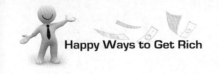

健康」（接近74％），其次是「中樂透」、「快樂」、「保有
工作薪水」、「升官加薪」。可見多數上班族，在經過金融海
嘯的衝擊後，已有深刻的反省與認知，知道追求「全家平安健
康」要比中樂透發財重要。這也是一種人生價值觀的改變，毋
寧是令人可喜的現象。

在農曆春節期間，人們見面互相拜年的賀歲語，不再只是
「恭喜發財」、「招財進寶」，而是「身體健康」、「平安如
意」及「新年快樂」，現在大家終於體會到珍惜健康、平安和
喜樂更勝於億萬錢財；擁有再多的錢財，都有可能於一夕之間
化為烏有，但擁有健康、平安和喜樂，卻是別人所奪不走的。

☺ 心靈富有才是永恆財富

因此，錢財是短暫有限的，生不帶來，死不帶去；身心
靈的健康、平安和喜樂，相對而言則是長久無限的財富。尤其
是，追求心靈的充實與滿足，更是永恆的財富。

《窮得只剩下錢》這本書在2008年底意外暴紅，在台、港
及大陸三地的書市，造成一股搶購熱潮，真是洛陽紙貴，堪稱
台灣最轟動的一本宗教書籍。這本書的書名確實反映出目前台
灣的光景──窮得只剩下錢，表面上看來，似乎有錢人或是億
萬富豪很多，不可勝數，但多數人其實在心靈上或是其他精神
層面，卻是極度空虛、貧乏的，只剩下一堆銅臭錢財而已。

作者王陽明牧師，其實在幾年前也走過了一段非常煎熬的
心路歷程。他在2006年底寫給親友的信中提到：「天有不測

風雲，人有旦夕禍福，上帝是生命的源頭，一切的主宰，靠著神，祂使苦難成為祝福。」

原來，在2005、2006年，王陽明牧師一家人經歷了人生的雲霄飛車，先是他在美國求學的兒子，大學畢業前夕發現大腿骨長了良性的巨大細胞瘤，開刀後又出現細菌感染、腫瘤復發的狀況，在短短一年內開了四次刀，才終於康復。2005年底，他的父親過世。2006年三月，他的女兒早產，小嬰兒在保溫箱住了六個星期，讓大家每天都過得戰戰兢兢。王陽明因此深刻體認到，再多的錢財都比不上全家人的平安健康，所以他在信末寫著：「願我們彼此鼓勵，以感恩的心珍惜每一天。」

挽救人心比救濟重要

金融海嘯一度襲捲全球，加上失業潮鋪天蓋地，民眾的痛苦指數、苦悶程度都來到空前高峰。面對苦悶的時代，王陽明牧師認為現階段「挽救人心比救經濟重要」。換言之，即是現代人需要更多的心靈重建，遠勝於對錢財的追求；追求永恆的財富，勝於追求短暫的錢財。唯有永恆的財富，才是真財寶。

什麼是永恆財富？什麼是「真財寶」？耶穌教訓門徒說：「你們要變賣所有的，賙濟窮人，為自己預備永不壞的錢囊，用不盡的財寶在天上，就是賊不能近，蟲不能蛀的地方。因為，你們的財寶在那裡，你們的心也在那裡。」

世上的錢財會貶值、會被水淹、火燒、蟲咬、被小偷偷竊、被強盜搶走、被詐騙集團騙走，也會被金融海嘯吞噬，也

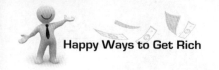

總有用完花光的一天。唯有天上的財寶，例如上帝的同在、恩典、賜福、平安、喜樂等，都是取之不盡、用之不竭的；天上的錢囊，是永不朽壞，可以存到永久的，是真正的財寶，也是永恆的財富，值得人一生努力去追求。

另一方面，一個人或是上班族，最可靠穩當的投資，就是積財寶在天上！把你的恩賜、才幹、能力及錢財，奉獻給上帝使用，或是去幫助那些需要幫助的人，就是積財寶在天上，結果將得到上帝十倍、百倍的賞賜，這也是穩賺不賠的投資！

17 追求「清富」人生

過「清富」生活的祕訣，就是過著身、心、靈皆富有而充實的生活。能如此「安富樂道」，此生即可無憾矣！

在金融海嘯的衝擊過後，許多百年大企業不是瞬間崩潰瓦解，就是元氣大傷亟需金援紓困才能存活；許多富豪的財產也在一夕之間大量失血，甚至也有被迫宣告破產者；至於一般小市民因為投資錯誤，以致賠掉退休金老本，也大有人在。這時才讓人驚覺財富是多麼地不可靠！俗謂：「靠山山倒，靠人人跑」，依靠錢財，一樣西歪東倒，一敗塗地！

所以《聖經》上說：「不要依靠無定的錢財，而要依靠那厚賜百物給我們享受的神。」（提前6：17）錢財是身外之物，來得快，去得也快，是靠不住的；有錢並不能滿足人心，有錢不能買到真愛，有錢不能買到一夜好眠，有錢也不能解決所有問題。只有依靠那昨日、今日、明日永不改變的神，人才有希望。

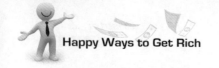
安富樂道過簡樸生活

統一企業集團總裁林蒼生對金融海嘯也頗有一番體悟，他認為人類要回歸問題的起始點，從人類的欲望著手，從對「清富」的認知重新學習，尋求一種物質與精神平衡運作的生活方式。

「清富」的另一面就是「清貧」，雖然貧窮，卻能清心寡慾，沒有任何非份之想。「清富」一詞則可以說是雖擁有財富，但也心甘情願過著清心寡欲、無所欲求的簡樸生活，也是古人所謂「安貧樂道」的另一種生活方式──「安富樂道」。「安貧樂道」，幾近聖人的境界，有幾人能及？但「安富樂道」就像「富而好禮」一樣，難能可貴。

中國人常說退休後要好好「享清福」，表示生活可以過著衣食無缺、無憂無慮，甚至隨心所欲的生活；能如此，當然令人羨慕而心嚮往之。一個能過「清富」生活的人，自然能「享清福」；能享「清富」，就能「享清福」！

耶穌說：「清心的人有福了，因為天國是他們的。」這種清心的人，就是過「清富」生活的人，思想單純，心無雜念，也不會貪圖非份之想，單單依靠、信仰神，他所獲得神的恩典和賞賜也是大的。

在任何景況都可以知足

使徒保羅說：「我並不是因缺乏而說這話，我無論在甚

麼景況，都可以知足，這是我已經學會了。我知道怎樣處卑賤，也知道怎樣處豐富，或飽足、或飢餓、或有餘、或缺乏，隨事隨在，我都得了祕訣。我靠著那加給我力量的，凡事都能作。」（腓4：11~13）

顯然，保羅已經掌握「清富」生活的精髓，在任何景況下，都可以知足，不僅是物質的富有，也是心靈的富有。

保羅更透露過「清富」生活的祕訣，就是「靠著那加給我力量的」，也就是要依靠神所賜的力量與恩典，就可以優遊自在，游刃有餘，而無往不利。

過「清貧」生活，安貧樂道，固然難能可貴，但不如追求「清富」人生。神不是一位小氣、吝嗇的神，只希望人過貧窮的生活，安貧樂道就好；反之，神是一位極其富有的神，充滿萬有所充滿者，而且祂是願意「厚賜百物（包括財富）給我們享受的神」。只是人不要貪戀錢財，不要沈迷金錢遊戲中，不要奢華度日，而要把錢財用在當用的地方，去幫助需要幫助的人。

靠著神的恩典，我們可以擁有一個「清富」人生，過著身、心、靈皆富有而充實的生活。能如此，此生即可無憾矣！

18 不要賺錢賺到死

> 金錢買不到親情、愛情、健康、幸福的家庭及寶貴的生命。所以，金錢不能成為人生努力追求的唯一目標，甚至不能取代以上金錢所買不到的事物。

「寧可救人救到死，也不要賺錢賺到死。」這是六十歲醫師王長德的座右銘。王醫師在鳳山市開設內兒科診所，執業超過三十年；他認為，一個人要看透生老病死、繁華與貧困，讓自己的心活起來最重要。

王長德在過了五十歲後，經常只看診半天，下午就到處找有困難的病人「家訪義診」。他說，義診時心情是真實快樂的，「這就是最適合我的休閒娛樂」，在他眼裡打小白球（高爾夫）比義診還辛苦。

從2010年六月起，王長德每週日偕同家人遠從鳳山開車到南投國姓鄉義診，單趟車程就超過二百四十公里，且每次家訪的五名病友，每一家相距少則一、兩公里，多則十多公里，但他甘之如飴地說：「這是我的另類度假休閒。」

顯然王長德對於義診救人樂在其中，比賺錢還重要，這也凸顯出他的人生價值觀。因為有許多人（包括醫師）為了賺

錢，日夜努力打拚，沒有假日，沒有休閒，更沒有家庭生活。除了賺錢之外，幾無生活品質可言。尤有甚者，有人為了賺錢，身體過度勞累，以致過勞死，賠上了自己的生命，實在得不償失。

固然有些人為了養家活口，為了填飽肚腹，必須日夜努力打拚賺錢，這是迫於無奈的不得已。但有些人的人生價值觀就是賺錢，認為金錢比世上任何事情都重要，為了賺錢可以不顧一切，這種金錢掛帥、唯利是圖的價值觀，毋寧是一種偏差。

俗謂：「金錢非萬能，沒錢卻萬萬不能。」金錢固然重要，但金錢並不能買到萬事萬物，例如：金錢買不到親情、愛情、健康、幸福的家庭及寶貴的生命。所以，金錢不能成為人生努力追求的唯一目標，甚至不能取代以上金錢所買不到的事物。

王長德醫師自許：「寧可救人救到死，也不要賺錢賺到死」，也是對許多上班族的提醒，為一種理想或使命，可以捨生取義；但千萬不要一心只為了工作賺錢，而忽略了人生其他更重要的事；尤其，千萬不要賺錢賺到死，為了錢財而賠上寶貴的人生與生命。耶穌基督說：「人若賺得全世界，賠上自己的生命，又有什麼益處呢？人還能拿什麼換生命呢？」生命是無價的，不值得用錢財去換，即使賺得全世界，賠上自己的生命也不值得。信哉斯言！

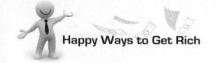
19 捨己買靈魂

> 　　一個人願意捨棄賺取更多的錢財與放下世上物質生活的享受，捨己買靈魂，是出於上帝對世人的愛，他們在上帝面前所得的賞賜也是極大而豐盛，遠超過世上一切財富。

　　上文「不要賺錢賺到死」，提及王長德醫師看透生老病死，抱著救人性命勝於追求財富的信念，「寧可救人救到死，也不要賺錢賺到死。」另一位醫師花蓮門諾醫院的院長黃勝雄，則甘願捨棄美國優渥的高薪及豐盛的物質享受，回到台灣深入花蓮山區救助貧困病患，黃勝雄院長說：「我有大房子，很好的車，物質上的東西我都有，但生命真正的意義不在物質，我是回台灣買靈魂的。」這種捨己買靈魂的精神，亦令人感動與敬佩！

　　然而還有一位醫生，前門諾醫院的院長薄柔纜，更讓黃勝雄佩服得五體投地，也是促使黃勝雄決定到門諾醫院擔任院長的人，兩人前後交接棒，不但是醫療奉獻精神的傳承，也是活出神愛世人及耶穌基督捨己救人的模範，彌足珍貴。

　　黃勝雄院長八年前在美國匹茲堡大學任教、醫病，是享譽

美國的腦神經外科權威，也是白宮的座上客，曾是雷根總統隨行的指定醫師，被認為是 Doctor's Doctor。他一年要服務五千位病人、動三百六十個手術，他的年薪超過百萬美元，住家占地有四甲之大。

1990年，門諾醫院前院長薄柔纜醫師退休回美國，他一生無怨無悔地為交通不便、醫療不發達的花蓮，奉獻前後將近四十年之久，退休後，連住家都沒有。

這種捨己為人的崇高情懷，令黃勝雄感念在心。

1991年，薄院長在美國洛城接受台美基金會的台灣奉獻獎時，他呼籲：「我為台灣奉獻了這一生，我盼望台灣人，尤其是台灣的醫生，也能像我一樣為自己的同胞，尤其是弱小無助的、需要人照顧的花蓮百姓服務，很可惜！台灣的醫生好像覺得到花蓮很遠，到美國比較近，沒有人要去花蓮，倒是很多人跑到美國來。」這一番話，讓黃勝雄醫師決定放棄在美國的一切，回到花蓮服務。

他離開美國時，美國的政界、醫界共有四百人來送他，州長、議長都來了，當地的人對他依依不捨。他告訴他們，在花蓮，他有更多的病人在等他，這是上帝託付他的地方，他要回來。

黃勝雄堅持自己開車，即使到了偏遠山區的巡迴醫療，他仍然自己駕著吉普車開二、三小時上山下海，以耐心、愛心對待每一個病人。門諾董事會體念他的辛勞，幾次想為黃勝雄請司機，他都拒絕。他說：「門諾醫院還需要社會的支持，如果

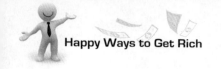
我可以請司機、買好車，我們就不需要捐款了。」

　　黃勝雄擔任門諾醫院院長月薪三十萬元，對一般人而言算是高薪，卻比一般醫院的院長薪水少，甚至不及過去在美國薪水的十分之一，但他還把其中的二十萬元捐回醫院，自己住在員工宿舍，過著簡樸的生活。一般人無法擁有的，他得到了；一般人放不下的，他卻捨得。

　　薄柔纜醫師與黃勝雄醫師，兩位前後任門諾醫院院長，都活出捨己買靈魂的崇高精神。人的生命與靈魂是無價的，在上帝眼中看為極其寶貴，因此上帝甘願差遣祂的獨生子耶穌基督為承擔世人的罪，被釘死在十字架上，這種捨己犧牲的愛，是世人所難企及與取代的，也是感動薄柔纜醫師與黃勝雄醫師的最大力量。

　　《聖經》上說：「上帝既不愛惜自己的兒子為我們眾人捨了，豈不也把萬物和祂一同白白地賜給我們嗎。」（羅馬書8：32）上帝不但把獨生愛子賜給世人，也把祂所創造的萬物白白地賜給人們，這就是上帝對世人的愛；相信薄柔纜醫師與黃勝雄醫師，願意捨棄賺取更多的錢財與放下物質生活的享受，捨己買靈魂，也是出於上帝對世人的愛，他們在上帝面前所得的賞賜也是極大而豐盛的，遠超過世上的一切財富。上班族在追求金錢財富之餘，不妨冷靜思考自己的得與失，要努力追求永恆的財富，積財寶在天上，才是真正富有及幸福的人生。

上班族吸金學

要有足夠或過人的工作能力，才有穩定的工作。上班族必須建立正確的價值觀與職場意識，追求高薪不如追求高人一等的工作能力，工作及生活自然能趨於穩定。

HAPPY WAYS TO GET RICH

20 上班族理財首要保住工作

上班族最渴望的就是：工作穩定！因為工作穩定，收入穩定，其他生活就能逐漸安定下來！上班族理財首要之務：保住飯碗第一，有工作，就有收入，生活才有保障，也才有生活品質可言。

　　現今是人浮於事的社會，在金融大海嘯衝擊後，「失業潮」緊隨而至，失業率節節高升，找工作真是難若登天，上班族渴望追求的「錢多事少離家近，位高權重責任輕，每天睡到自然醒，數錢數到手抽筋。」看來真是遙不可及的夢想。現在大家只想有一個穩定的工作就好，薪水少一點沒關係，只要有收入就好。現在不是人挑工作，而是工作挑人的時代，所以為了五斗米折腰，也只好忍一忍。

☺ 工作穩定才有安穩生活

　　因為有一個穩定的工作，才有固定的收入，才有安穩的生活，這是環環相扣的。反之，如果沒有穩定的工作，除非家財萬貫或有足夠的積蓄，否則收入不穩定，生活也將頓失依靠，不免陷入極端不安定的惡性循環中。許多家庭之所以三餐不

繼、走投無路，就是負擔家計者長期失業，家庭收入主要來源
斷絕，連起碼的溫飽都無以為繼，因而釀成全家燒炭自殺的悲
劇。「貧窮夫妻百事哀」，指的就是家庭沒有固定收入，左支
右絀，捉襟見肘，或是負債累累，生活陷入困境，寸步難行。
所以，有一個穩定的工作，有一份穩定的收入，對一個人或一
個家庭而言，都是非常重要的。

　　尤其，結婚後的女人，都希望要有安全感，主要就是希望
另一半有穩定的工作，穩定的收入。假如一個人是高所得，但
收入卻不穩定，時好時壞或三天打魚兩天曬網，另一半恐怕也
很難有安全感。

　　所以，曾經是上班族很羨慕的「科技新貴」，因為一場金
融海嘯的衝擊，突然面臨裁員、減薪及放無薪假的困境，讓人
恍然大悟，科技新貴已變成「科技新跪」，高科技的工作並不
保證一直是高所得，也不保證工作穩定，而必須向現實生活環
境低頭下跪。

　　其實，在現代職場，不獨科技新貴沒有保障，其他各行
各業亦復如此。所謂「鐵飯碗」已不復存在，就算是公務員或
老師未來也不一定保證可以「一票到底」，安安穩穩地做到退
休。

☺ 隨時要有危機意識

　　因此，每一位在職場討生活的上班族，都要有此認知及心
理準備。從現在開始，隨時要有危機意識，隨時要有應變的能

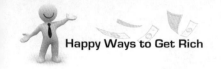
力，或找好「備胎」，以有備無患。另外就是平常一定要做好
理財及積蓄，有急用時不用愁，讓自己的生活無虞，就不怕突
如其來的變局。

現代上班族理財首要之務就是保住工作，也就是保住飯
碗。只要工作穩定，有固定的收入，不會入不敷出，在生活上
就已立於不敗之地。因為眼前最現實的問題，就是每天開門七
件事：柴米油鹽醬醋茶，每一項生活支出都少不了需要用錢，
所以一定要有穩定的收入，才能支應各項生活開銷。

所以有工作者，務要珍惜眼前的工作，不輕言辭職。「一
鳥在手勝於十鳥在林」，就算要換工作，也要先找好工作，再
提出辭呈，較無後顧之憂。失業或尚無工作者，則要設法趕快
找工作，儘快就業。現在要找到合適的工作，確屬不易，所以
千萬不要好高騖遠，而要先求有再求好。先把工作穩定下來，
其他生活就能逐漸安定！

但想要工作穩定，先決條件是，你要有足夠或過人的工作
能力，或是過人的競爭力，不被現實無情的職場淘汰。所以，
上班族必須不斷充實自己，培養多方面的能力或專長，提升競
爭力，不怕裁員或換工作，只要有工作，收入及生活自然能趨
於穩定，而能高枕無憂地度過每一天。

21 工作穩定勝於高薪

> 　　要有足夠或過人的工作能力，才有穩定的工作。
> 上班族必須建立正確的價值觀與職場意識，追求高薪不
> 如追求高人一等的工作能力，工作及生活自然能趨於穩
> 定。

　　一場空前的全球性金融海嘯重創百業，也敲醒許多上班族渴望追求「錢多事少離家近」的高薪美夢，現在大家只想有一個穩定的工作就好，薪水少一點沒關係，只要不被裁員，不要動輒放無薪假就好。工作穩定勝於高薪的觀念，一時之間成為職場趨勢。

　　但什麼是工作穩定？什麼是真正穩定的工作？過去有好長一段時間，上班族都很羨慕「科技新貴」，年薪數百萬加上分紅、配股及令人咋舌的高額年終獎金，真是高所得又穩定的工作。曾幾何時，一場金融海嘯來襲，一波波的無薪假及裁員潮迎頭衝擊科技新貴，不少人甚至淪為失業族群，必須申請失業救濟金度日，以支付房貸、車貸等龐大開銷。

　　過去被視為金飯碗的銀行理財專員及證券營業員，也難逃此波金融海嘯的毒手，裁員、減薪四起，可謂哀鴻遍野。至於

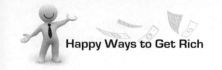

傳統製造業、餐飲業及服務業也遭受池魚之殃，因為有錢人資產縮水，多數消費者購買力減低或緊縮開支，因此業績大幅下滑，不得不宣告倒閉、關門歇業或精簡人力，使失業率更加攀升，雪上加霜。

這時，多數上班族或失業族群不禁認為還是當公務員或老師最好，待遇薪水雖然不高，但卻工作最穩定，是朝九晚五，按時領薪水的鐵飯碗，不怕被裁員、減薪或放無薪假。

😊 面對職場變革挑戰

但事實是如此嗎？現在政府高層已經明確宣示，未來公務員要「獎優汰劣」，要訂定嚴格的退場機制；換言之，公務員（當然包括教師，少子化當道，未來流浪教師勢必只增不減）不再是鐵飯碗，工作能力表現不佳、考績差者，將逐年淘汰。甚至未來公務員也要在晚間或假日輪流值班以為民服務，不再是朝九晚五，每天固定上下班的上班族。因此，未來公務員也不一定是一項穩定的工作。

面對大環境詭譎變化及職場變革的挑戰，不禁讓人要問：「如何才能在職場生涯裡，買到一張可以一票到底，且是既穩定又有保障的終生就業車票？」去哪裡找真正穩定的工作？答案是令人扼腕的，卻也是真實情況，亦即從現在開始，就業市場或職場競爭是嚴峻及殘酷的，「獎優汰劣」或「優勝劣敗」，已是不可避免的情勢。裁員、失業將是最時髦流行的名詞，任何行業、任何人，都隨時有可能遭遇此一困境或變局。

因此，每一位在職場討生活的上班族，都要有此認知及心理準備。要有危機意識，要有隨時準備好應變的能力，或找好「備胎」，以有備無患。成功是屬於準備好的人，穩定的工作也是留給準備好的人。因為一個具備足夠能力或多重能力的上班族，他可以在金融海嘯中屹立不搖，裁員、失業永遠輪不到他；就算公司倒閉關門，他也可以憑藉卓越的工作能力，很快地轉換工作或另謀新職，或是積極規劃創業，為自己開創另一個出路。

前花旗首席分析師、現任大洋集團控股公司財務長楊應超，用「工具箱」的概念來管理自己的職場生涯與事業帳本。不但在短短幾年中，從金融界的一名研究員，爬升到在外資證券研究圈，只有百分之五的人才有機會坐到的董事總經理位置，而且在這一波金融海嘯的衝擊中絲毫無損。

☺ 充實職場的工具箱

「你隨時要為下一個工作做準備！因此你要有一個什麼都有的職場工具箱，在其中放進各種武器，才可以應付職場的各種挑戰。」美國普渡大學電機碩士畢業的楊應超，畢業後投了三百封履歷，好不容易找到IBM工程師的工作，從基層做起。工作一段時間後，他為了想讓自己的工具箱多一項武器，又去念哥倫比亞大學企管碩士，不但多了一項學識能力，也成為日後進入金融界工作的重要利器。

如何面對金融海嘯的職場衝擊？楊應超以其自身經歷說：

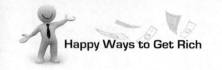

「遇到困難，像是今年裁員風波，除了要正面思考外，更要做的是一定不能浪費時間，要想盡辦法利用時間，幫自己的『工具箱』多放進一些新武器，等到風波過去，就比別人有更多大展身手的機會。」

從楊應超的例子看出，工作穩定勝於高薪，但先決條件是，你要有足夠或過人的工作能力，才有穩定的工作。上班族必須建立正確的價值觀與職場意識，清楚認知，追求高薪不如追求高人一等的工作能力，擁有高人一等的工作能力，工作及生活自然能趨於穩定。

《聖經》箴言說：「寧得知識，勝過黃金。因為智慧比珍珠更美；一切可喜愛的都不足以比較。我有謀略和真知識，我乃聰明，我有能力。」智慧、知識、謀略、聰明，再加上能力，就是現代上班族在職場工具箱中必備的致勝武器，也是擁有穩定工作的制勝之道。

22 力行「三保」，提升競爭力

> 力行「三保」，提升自己的競爭力，讓自己先有不凡的身價實力，其他的薪水職務等工作條件與待遇福利，自然接踵而至。

作為一個上班族，經常要面對職場競爭的壓力，還要因應大環境的變化，確實非常辛苦不易；要如何面對壓力？就要努力做到「三保」，即是要「保工作」、「保健康」及「保現金」，謹簡要分析如下：

☺ 1. 一切以「保工作」為上策

上班族的當務之急，當然是一切以「保工作」為上策，因為有工作，才有收入；有固定工作，才有固定收入。一旦失業，即失去收入，除非平時有積蓄，否則眼前的生活立即陷入困境。所以，這時在工作表現上，更要努力以赴，提升自己的競爭力或業績貢獻，讓公司的裁員名單永遠和自己無關，遠離失業風暴。

除非真的已經找到更好的工作或收入更高的工作，否則不要因一時衝動，即輕言辭職不幹。有時忍氣吞聲，「為五斗米

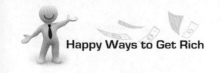

折腰」，也是不得已的權宜之計，「識時務者為俊傑」，也是顧全大局的務實作法。

😊 2.「保健康」才能走得久走得遠

其次是「保健康」，工作要賣力，卻不能賣命。俗謂：「留著青山在，不怕沒柴燒」，「健康就是財富」；努力工作之餘，要注重身體健康的保養，飲食均衡，適量運動，定期做身體健康檢查；心情常常喜樂，保持身心靈的皆臻健全，要養身也要養生，人生才能走得久、走得遠。人一旦失去健康或不幸「過勞死」，也就失去工作，再多的財富也無福享受，豈不遺憾終身！

😊 3.「保本（現金）」急時不用愁

還有一項重點就是要「保本（現金）」，一方面做好資產配置，例如三分之一定存；三分之一投資；保留三分之一現金。投資理財以保守、保本為之，絕對不要追求高利潤、高風險的投機性金融商品；除了銀行定存外，如果還有多餘的閒錢，可以逢低投資大型績優股，進行中長期的的布局。其次，投資地段好的房地產，也是很好的保本方式，而且地段好的房地產，還有增值的空間，可讓財富倍增。

另一方面，「Cash is King」，手上隨時要保留現金，以備不時之需。所以要放點現金在銀行活儲戶頭，可隨時透過

ATM提領使用。平時有儲蓄，急時不用愁；避免成為「月光族」（每月薪水花光光）及「卡債族」，開源節流，厲行儉樸生活，養成儲蓄的習慣，還是有必要的。

上班族要如何勝過金融大風暴的衝擊？如何化危機為轉機？答案是除了「三保」之外，有信仰、有信心更是不可或缺。

上班族面對金融風暴後的職場競爭與挑戰，除了力行「三保」，還要先提升自己的競爭力，擁有高人一等的工作能力，讓自己先有不凡的身價實力，其他的薪水職務等工作條件與待遇福利，自然接踵而至。當然有信心依靠、仰望上帝的帶領，遵守上帝旨意的人，當可獲得上帝的引領，得到上帝出人意外的平安守護與超過所求所想的祝福，才能平靜安穩地無畏大環境變化的挑戰，在艱難的生活中，安然度過不景氣的寒冬。

23 快樂的人起薪高

心情好，不管晴天、雨天，都是好天氣；心情好，無論順境、逆境，都可以氣定神閒，隨遇而安。常常帶著喜樂的心，就可以廣結善緣、財源廣進。

俗謂：「和氣生財」，快樂也可以生財。根據一項網路調查發現，快樂的人，起薪較高，且找工作時間不超過三十天，顯示快樂的人，在職場上具有無往不利的優勢，對於薪資收入也有加分的效果。

一家休閒食品業者委託104市調中心進行「全台樂事指數大調查」，發現樂事指數高的人，平均起薪高出新台幣2568元，而且有兩成五的人尋找第一份工作的待業時間不到一個月。

104市調中心處長蔡家昌表示，將「樂事」定義為正面積極的態度、將小事轉為樂事的能力。在調查中，問到「做什麼事是樂事？」超過六成的人認同唱歌、上網分享創作為樂事。

現代人可謂很苦悶，能夠快樂的人還真不多見。上班族工作壓力大，要快樂談何容易？當老闆的，遇到經濟不景氣，一個頭兩個大，很難快樂得起來。至於失業率居高不下，失業者

找工作四處碰壁，苦不堪言，離快樂更是遙不可及。

有一首歌的歌詞寫到：「快樂不是別人給的，而是自己找的！」所以別寄望景氣會突然好轉、辦公室環境會變好、工作會變輕鬆、老闆會加薪、找工作一帆風順……，要想如此心想事成，真的很難快樂得起來。

「境由心造」，只有自己先轉換心情，才能改變外在的環境；心情好，不管晴天、雨天，都是好天氣；心情好，無論順境、逆境，都可以氣定神閒，隨遇而安。《聖經》上說：「喜樂的心乃是良藥」、「要常常喜樂」，常常帶著喜樂的心，以笑臉迎人，就有親和力，人見人愛，自然很有人緣，很容易與人拉近距離，甚至可一見如故，無所不談；用在職場上，就可以廣結善緣、財源廣進。常帶著喜樂的心，不但是良藥，可治百病，常保身體健康，也是人際關係的催化劑，有加分的效果。

喜樂的心，造就快樂的人。這種人在找工作時，自然流露出一種自信與樂觀的特質，容易獲得雇主或面試主管的青睞、錄取率高，起薪相對也有機會比較高；進入職場後，由於心情快樂，廣結善緣，連帶著，業績就好，獎金多，升遷快，收入也節節高升。所以，快樂的人起薪高，不是沒有道理。既然如此，快快樂樂地找工作，快快樂樂地上班工作，何樂而不為呢！

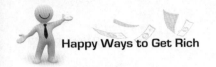

24 快樂員工創造億萬財富

> 企業帶給員工快樂，也帶給顧客快樂，也為自己帶來財富，這是一種絕佳的良性循環。所以，老闆及員工都要追求快樂，而快樂又能致富，真是何樂而不為呢！

　　上文提到「快樂的人起薪高」，而且容易找工作，因為就有老闆喜歡聘用快樂的員工。這位老闆是創立全球最大網路鞋店「Zappos」的台灣移民之子謝家華，他努力打造一個以「快樂」為導向的公司文化，他所要找的員工，不要MBA，不要高學歷，只要快樂的員工，他說：「只有快樂的員工，才能傳遞驚喜與幸福。」

☺ 打造以快樂為導向的公司文化

　　2010年8月出刊的台灣《商業周刊》，封面故事即報導謝家華創業致富的傳奇故事。謝家華是哈佛大學畢業的數學天才，19歲哈佛畢業，25歲創立全世界第一個在網路賣鞋子的人，成為Zappos的執行長，他以快樂哲學經營事業，想辦法讓上門的顧客感到快樂，他表示：「如果你讓顧客快樂的話，他們購買的意願就會提高。」因為這種想法，不但創業成功，也

為他帶來龐大的財富。

謝家華的鞋店，買一雙送三雙試穿，來回免運費，可退貨期長達365天；全美每四雙鞋，就有一雙出自Zappos，每100名顧客，有75人願意購買第二次；與Zappos合作的品牌超過1300個，鞋款逾20萬款，年銷售額超過370億元。2009年底，電子商務龍頭亞馬遜（Amazon）以12億美元（約合新台幣384億元）天價併購Zappos，讓謝家華身價暴漲，名列《財星》（Fortune）雜誌的年輕富豪排行榜。

曾經，謝家華把賺錢視為人生的最大目標，以為金錢能換得自由，但當他真正擁有財富時，卻失去了快樂。他開始回想到：「我生命中最快樂的時刻，是跟朋友在一起，是創造出一些新玩意，跟錢都沒有關係。」於是，他終於悟出：「錢不能買到快樂！」

☺ 快樂員工能帶給顧客快樂

因此，他重新找回創業的初衷，決定追求快樂第一，獲利則擺在最後。所以他要找快樂的員工，能帶給顧客快樂的員工，他也在辦公室塑造讓員工快樂的環境。走進Zappos，有休息室、遊戲室，全額的健康保險、免費的午餐及下午茶；每月第四個禮拜五下午，是全公司的「Happy Hour」，公司播放輕快的音樂，員工可以放下手邊的工作，享受飲料點心，盡情放鬆一下。

Zappos有永遠舉辦不完的派對，只要員工有傑出表現，公

司就會舉辦歡慶派對；部門主管每一季要撥出10％的預算與時間，帶領團隊成員到戶外從事登山、健行及烤肉活動。藉著這些活動，不但可增進員工彼此的認識，凝聚向心力，也可以激發出許多創新的點子。

由上可知，Zappos帶給員工快樂，也帶給顧客快樂，也為自己帶來財富，這是一種絕佳的良性循環。所以，「喜樂的心乃是良藥」，喜樂的心也是致富的良方，老闆及員工都要追求快樂，快樂又能致富，真是何樂而不為呢！

先追求快樂再談業績

員工「寓樂於教」，在玩樂中卻學習到許多新事物，開闊自己的心胸視野，也充分掌握到社會趨勢，老闆可謂「小投資、大收穫」，公司、員工及讀者都獲益，從快樂中創造三贏，真是皆大歡喜！

全球最大網路鞋店「Zappos」的老闆謝家華，努力打造一個以「快樂」為導向的公司文化，他列出的員工條件，不用MBA，不必是高學歷，只要快樂的員工，他希望他的員工追求快樂第一，獲利則擺在最後。無獨有偶的，在台灣有一家出版社的老闆，也是希望員工先追求快樂再談業績。這位把快樂看得比金錢還重要的老闆，就是知名的圓神出版機構發行人簡志忠。

☺ 員工在努力追求快樂的職場工作

在圓神，簡志忠希望員工縮短上班時間，每週上班四天半，把玩樂擺第一，鼓勵員工無樂不作，每年舉辦兩次員工國內外旅遊活動，出國旅遊搭郵輪、開派對，每年都加薪，員工雖在努力追求快樂、遊玩的職場環境中工作，卻還能創造出令

人稱羨的長紅業績。

　　簡志忠認為，人應該是為生活而工作，而不是為工作而生活，他不贊同一個人日以繼夜、夜以繼日的工作，而應該像小孩無憂無慮、自由自在的生活；愛玩樂就是他生活的一部分，他也鼓勵員工靠玩樂豐富視野，提升工作力。如果有員工因為工作忙碌無法參加員工旅遊，他反而會問員工為何不提早做好工作計畫，不提前完成工作，以致無法參加員工旅遊？可見，在簡志忠的心中，參加員工旅遊比加班工作還重要。

☺ 在玩樂中豐富人生視野

　　簡志忠因此發明出一套獨特的「大賓士理論」，一個人每天的時間就像賓士的三星標誌一樣，工作、睡覺、休閒各占三分之一，多數老闆無不希望員工的工時加長，或給員工更多加班費，讓員工投入更多的時間在工作上。簡志忠則想到把賓士的空間擴大成「大賓士」，提升工作效率，把一個人的產出效益擴大，雖然縮短或減少工時，卻比長時間的工作效益還高。

　　簡志忠表示，表面上員工花比較多的時間在玩樂上，實際上卻是充分感知環境，在玩樂中不斷豐富人生視野及擴大心胸格局，對趨勢變化的敏感度更強，相對的更能精準掌握新書的出版計畫與方向，更能符合讀者的需要，結果在出版業績上就能充分反映出來。「讓員工體會另一種生活滋味，看事情也會有不同的角度，最重要的是恢弘自己的氣概，賓士就可以變大了。」簡志忠強調。

　　「很多人賺到錢之後，還是被錢所困，窮困時是被沒錢所困，有錢時則被錢所困，一輩子當錢的奴才。」簡志忠想到小時候雖然生活窮苦，但媽媽總帶著他們這群小孩唱歌玩樂，養成每個人都很樂觀，「再怎麼窮，我們怎麼看都像是貴族，因為，我們的心始終不曾被金錢所壓抑。」

　　《聖經》上說：「有衣有食，就當知足。」「凡事謝恩，常常喜樂。」有衣有食，就當喜樂滿足，而且還要心存感恩；只要人窮志不窮，內心凡事樂觀以對，就可以勝過外在窮困的環境。上班族能如此面對生活，就不致於被金錢所困，有錢沒錢，都可以很快樂。

　　由是觀之，簡志忠其實是個聰明的老闆，雖然他對員工很慷慨，讓員工多玩樂少工作，但其實員工「寓樂於教」，在玩樂中卻學習到許多新事物，開闊自己的心胸視野，也充分掌握到出版趨勢，難怪其所出版的書動輒以十萬本為銷售單位，甚至許多成為排行榜上的暢銷書，為公司帶來豐厚的營收，員工因此可以年年加薪。簡志忠可謂「小投資、大收穫」，公司、員工及讀者都獲益，從快樂中創造三贏，真是皆大歡喜！

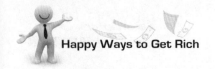
26 濃郁香醇的Espresso工作學

從職場上的三個面向：上司、同事與自己的關係來思考、調整職場工作關係，把稀釋工作效率的元兇找出來，然後對症下藥，從而增加工作效率的「密度」與「濃度」。

近年來，「咖啡文化」在台灣盛行起來，大街小巷到處都有各式各樣土洋夾雜的咖啡館，香醇誘人的咖啡香四處飄送。何以喝咖啡的人口直線上升，有這麼多人喜歡喝咖啡？除了一股時尚流行風潮及「再忙，也要陪你喝杯咖啡」的廣告用語推波助瀾外，現代人尤其是上班族普遍工作壓力大，容易勞累疲倦，總愛忙裡偷閒喝杯咖啡，由於咖啡中含有「咖啡因」，的確有提神、舒緩壓力及放鬆心情的效果。

所以，在電影及外國影集中，經常可以看到美國的上班族，一到辦公室，第一件事就是馬上倒一杯熱咖啡，辦公室更是常年免費供應咖啡。隨著「咖啡文化」的西風東漸，現在國內的多數企業也開始在辦公室供應免費咖啡，「再忙，也要喝杯咖啡」，也成為現在上班族不可或缺的福利。

喝咖啡最普遍的就是一般「美式咖啡」，可以隨手馬上沖

泡，或用簡單的咖啡壺即可煮出一大壺咖啡，算是經濟實惠的方式，但咖啡味比較普通清淡。至於講究的咖啡族則會要求要喝高級一點的單品咖啡，例如「藍山」、「曼特寧」等；或是點用花式咖啡，例如「維也納」、「摩卡」等；或是指名要求「義式咖啡」，包括「Espresso」、「卡布奇諾」、「拿鐵」等等。其中，Espresso屬於濃縮咖啡，其咖啡的濃度要比美式咖啡超過五倍以上，嗜喝咖啡者來杯醲郁的Espresso，當然覺得刺激、過癮、有勁。

在職場上，企業老闆或主管常常會覺得屬下工作效率不佳、士氣不振，員工則會覺得工作繁忙、常常加班、睡眠不足等等。面對以上的現象，就可以從如何增加工作效率的「密度」與「濃度」來思考，猶如把工作從清淡的美式咖啡濃縮為一杯馥郁香醇的Espresso。日本管理雜誌《The 21》即集結黛安芬、吉野家、樂天證券等知名企業領導人的看法，精煉出一套濃郁香醇的「Espresso工作學」。

所謂的Espresso工作學，就是透過職場上的三個面向：上司、同事與自己的關係來思考、調整職場工作關係，把稀釋工作效率的元兇找出來，包括方法不對、溝通不良、時間運用效率不佳等，然後對症下藥，從而從以下四個關鍵重點來增加工作效率的「密度」與「濃度」。

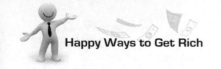

😊 1. 取得上司的信賴，充分授權

上司交辦的工作，當然要全力以赴去完成，但記得中途隨時要主動回報進度，好讓他安心，並且能早期發現問題與錯誤，及時改正，以免因作業錯誤而前功盡棄或整個重來一遍。能夠主動幫上司解決問題，贏得上司的信任與好感，就是給自己方便，日後在職場上自然可以獲得更多施展的空間。

😊 2. 建立團隊合作的職場人脈關係

《聖經》上說：「各人不要單顧自己的事，也要顧別人的事。」在職場上，不要自己悶著頭埋頭苦幹，也要和周邊的同事互動，做好團隊合作，互相幫助，建立良好的溝通關係，彼此獲得善意的提醒和必要的支援，即可增加工作效率。

同事是非常好用的職場資源。因此隨時注意身邊那些工作效率佳、有經驗的資深前輩，以及總是能夠準時下班的工作達人，跟他們結為好友或親密的工作夥伴，向他們學習做事方法，即可減少犯錯及省下執行時的力氣與時間。

😊 3. 列出當天的工作預定表

把每天要完成的工作事項，按照工作的重要性、急迫性與優先順序，列出一張工作時間分配預定表，然後「按表操課」，一一去完成。

在執行過程中，如果遇到臨時交辦的工作，當下可以馬上

解決的事，就立即處理；若是必須花比較多的時間處理，則依急迫性排入工作預定表的時程。

若有其他同事要求幫忙，要衡量自己的狀況，在可負荷的範圍內提供適當的協助。原則是，在當「好人」之前，先把自己份內的工作做好。

☺ 4. 固定提撥一成薪水用於「腦內投資」

要追求升遷或避免被裁員，就要隨時提升自己的競爭力。筆者認為值得加班的事只有兩件——「讀書進修」與「拓展人脈」，前者尤其重要。

上班族的薪水該如何分配？除了生活開銷、投資理財之外，有一件事一定要做到——每月至少提撥一成的薪水用於學習進修，做為「腦內投資」。俗語說：「投資自己，是穩賺不賠的！」而且愈早開始投資在學習上，日後的效果愈強。

以上就是增加工作效率「密度」與「濃度」的四個關鍵，也就是日本管理雜誌《The 21》所主張Espresso工作學的精髓所在。若能加以掌握，就能使一個上班族導向「良性循環」：準時下班→適時進修→充分休息→精神飽滿地去上班。如此，工作效率自然倍增，業績蒸蒸日上，老闆開心滿意，員工就可以放輕鬆地去喝杯好咖啡！

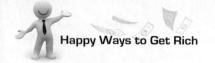
27 職場BQ的迷思

> 求職者或職場工作者，與其一味追逐虛榮浮華的外貌，不如充實自己的內涵智慧，更能吸引人。期望企業主在甄選人員時，揚棄「以貌取人」的價值觀。

「你是外貌協會的嗎？」大多數人一旦被人問起這個問題，答案鮮少是否定的，因為大多數人還是偏向「以貌取人」，喜歡帥哥美女，外貌是給人的第一印象，尤其在職場上，更是如此！

根據2009年12月號的《康健》雜誌報導，現在在職場上的競爭，除了需要IQ（Intelligence Quotient智慧商數）、EQ（Emotion Quotient情緒商數）外，也需要BQ（Beauty Quotient），就是美麗商數。BQ已成為檢視職場競爭力的重要參考指標。換言之，BQ顯著突出、貌美出眾者，職場競爭力勝過BQ平庸者，無論在求職或升遷都占上風。

人力資源專家指出，美麗的外貌會影響一個人的工作表現及社交關係。美國德州大學與密西根大學的研究發現，擁有美麗與自信的女性，收入比長相平凡者，高出14%，一年多賺2150美元（約相當於台幣7萬元）。

　　台灣1111人力銀行發表2009職場美學調查統計結果顯示，87％的受訪企業坦言，求職者外型突出者（意指帥哥美女型）有加分效果，包括錄取機會、起薪待遇及較多升遷的可能性等，企業「以貌取人」的職場BQ趨勢，由此可知，尤其現在服務業當道，站在第一線的服務生，外貌佳者，自然是企業主的首選。

　　職場BQ的確是求職者或在職場工作者所不可忽視的重點，固然長相俊美者有先天的優勢，但一般普羅大眾其實也不必氣餒，「素人」（一般平凡人）只要有內涵、能力，一樣可以在職場出頭。所以沒有必要為了要追逐擁有一張明星臉，而刻意不惜花費鉅資去美容、整形，塑造出一個「人工美女」或「人工帥哥」，不是五官畸形，就是皮膚僵硬，有如木偶假人，反而適得其反。

　　所謂的外貌，應該不僅僅侷限在姣好的面容長相，還包括個人的氣質、自信心、談吐等整體儀表；如果一個人徒有漂亮的臉蛋，卻言語粗俗不堪，站沒站相，坐沒坐姿，毫無氣質可言，再漂亮的臉蛋，也就不耐看，甚至令人厭煩，自然就很倒人胃口，讓人拒之於千里之外。有些人自恃外貌過人，恃寵而驕，得意忘形，不知充實內涵、提升能力，而成為一只中看不中用的花瓶擺飾，喪失職場競爭所需真材實料的持久競爭力，最後還是難免淪於被淘汰的下場。

　　所以，前述調查指出，美麗的外貌（BQ）有助於增加個人收入，在求職時也容易增加錄取機會、起薪待遇及較多升遷的

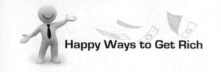
可能性，但終究這只是初期階段，在起跑點佔點優勢，是短暫的；真正決勝的關鍵，除了外貌，還需要個人的能力、內涵及職場上的歷練。所以美麗有時並不能當飯吃，更不是職場上擁有長期飯票的保證。

俗謂：「沒有醜女人，只有懶女人！」「自然就是美！」對於長相平凡者，只要勤於保養、打扮，穿著得宜，品味不俗，舉止落落大方，言之有物，全身上下散發一股過人的自信心，還是很有魅力、很迷人的。這種自然美絕對是職場BQ的勝出者，絲毫不遜於漂亮臉蛋。

《聖經》上說：「上帝不看人的外貌，而是看人的內心！」「你要保守你心、勝過保守一切，因為一生的果效，是由心發出。」求職者或職場工作者，與其一味追逐虛榮浮華的外貌，不如充實自己的內心世界（包括氣質、內涵、知識、學問、智慧等），更能吸引人。期望企業主在甄選人員時，揚棄「以貌取人」、先入為主的價值觀，除了看外貌長相外，更要發掘內在美，因為外貌總有年華老去、逐漸衰敗的一天，唯有一個人的氣質、內涵、才能與在職場的歷練，才是可長可久的寶貴資產。

28 危機意識與危機入市

上班族面對職場的競爭與挑戰，要有危機意識，隨時充實及提升自己的競爭力，只要先擁有過人的工作能力，遲早會有出人頭地的一天，薪水職務及待遇福利，自然會水到渠成。

隨著油價飆漲，帶動通貨膨脹，一般薪水階級的上班族，面對什麼都漲，就是薪水不漲的年代，生活壓力愈來愈大；在忙碌辛苦的工作之餘，還要隨時面對可能遭遇裁員、減薪的打擊，中年失業族群人數更是直線上升，現在多數上班族的處境可謂愈來愈艱苦不易。

對於剛踏入社會的新鮮人，所面臨的挑戰更大，不是處於「畢業就是失業」的「空窗期」，無所事事；就是面對有限的就業市場，有「高不成，低不就」的無奈，在無從選擇的情況下，只好勉強接受待遇不佳，或是自己不喜歡、不滿意的工作。

根據104人力銀行的調查顯示，現在一般大學畢業生的平均起薪是2.8萬元，專科生是2.6萬元，和去年同期相比，呈現「零成長」的現象。然而實際的情況卻是，剛畢業的大學生在

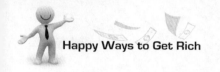
求職時，雇主願意提供的月薪只有2.4萬元，專科生有2.2萬元就算不錯了，這種薪資已經倒退到十年前的水準。換言之，現在只要有工作做就要感恩了，別想要求雇主出「高薪」用人。

☺ 成功屬於準備好的人

此外，中國時報及中視公司兩大媒體，因不堪長期虧損，相繼宣布要大舉裁員、減薪或取消優惠退休制度，且人數高達數百人之多。長榮航空在2010年二月招考一批空服員，有近三千人報考，結果只錄取了35人，這35名準空姐興高采烈地準備報到，結果在七月間卻接到公司的通知，裡頭載明因油價高漲，減緩人力需求，目前已暫無職缺，未來若有人力需求將再主動聯絡云云，讓這些準空姐一下子由雲端跌到谷底，欲哭無淚。

這就是目前就業市場的殘酷現實面，企業為節省支出，紛紛緊縮人事或動輒大舉裁員，不但鐵飯碗不再，就算錄取也不保證有工作。因此，無論是上班族或準備踏入社會的新鮮人，都要有心理準備或危機意識，過去一度繁榮承平的日子已經消逝，取而代之的是苦日子，而且要持續一段長時間，大家要有「長期抗戰」的準備。因為高油價、高物價的時代已然來臨，此時也是「危機入市」，想要糊口謀生自然不易。

面對就業市場的激烈或慘烈競爭，上班族或準備踏入社會的新鮮人，都要化危機為轉機，隨時準備應付挑戰。俗謂：「成功是屬於準備好的人」，上班族要準備好，隨時自我充實

或充電，提升競爭力，免於被取代或被裁員；萬一被裁員，也能從容不迫地因應，然後重新出發，儘快重返職場，把損害降至最低。

先成為千里馬，伯樂自然出現

至於準備踏入社會的新鮮人，要先充實自己的求職實力，讓自己先成為千里馬，自然就會有伯樂出現。其次，不妨先求有工作，再要求待遇，再選擇學以致用或是能發揮所長的工作，日積月累，自然可以根深蒂固，而有一番成就。

寶來投信總經理劉宗聖表示，自求職以來，他從來不在乎薪水有多少，他在乎的是，在工作職場上是否有一個爆炸性的成長機會，讓他可以建立自己的record。在剛開始工作時，也是在打江山、打基礎的時候，一定要有默契、團隊精神，在成長的過程中，找到志同道合的夥伴。這時不要介意老闆給你多少薪水，把握機會不斷地去學習，經歷過各種失敗跟挫折的經驗，將其變成未來職涯成功的基礎。

當一個人在職場上經歷各種不同職務，閱歷豐富，識人無數，擁有獨當一面的能力，薪水待遇及職位自然跟著水漲船高。同理，社會新鮮人在未踏入職場前，即先裝備好自己的基本學識能力，培養正確的工作心態，也有實習的實務經驗，在求職時就有獨占鰲頭或搶得先機的勝算。

在《聖經》中有一個致勝或致富的定律：「你們要先求神的國、神的義，這一切都要加給你們！」這和中國人「順天應

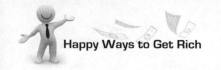

人」的道理相呼應，即一個人以凡事先遵行神的旨意，以神的旨意為重，討神的喜悅，接著神就把一切都賜福給他。危機就是轉機，對於有信仰、有信心的人，危機更是契機。

上班族及社會新鮮人面對職場的競爭與挑戰，要有危機意識，先充實及提升自己的競爭力，成功是屬於準備好的人，只要先擁有過人的工作能力，遲早會有出人頭地的一天，薪水職務及待遇福利，自然會水到渠成。對於有危機意識及有實力的人，現在雖然是「危機入市」，卻也是大顯身手的時機。

Do not pray for easy lives.

（不要求輕鬆的生活）

Pray to be stronger man.

（要求成為更堅強的男人）

Do not pray for tasks equal to your powers.

（不要求符合你能力的工作）

Pray for powers equal to your tasks.

（要求符合你工作的能力）

29 累積人脈關係財富

> 　　一個人脈競爭力強的人，擁有的人脈資源既廣且深。在平時，可以讓他比別人快速地獲取有用的資訊，進而轉換成工作升遷的機會，或者財富收益；在危急或關鍵時刻，也可以化險為夷、轉危為安，促使事業成功。

　　人脈關係也是一種財富，上班族的人脈關係愈廣愈深，無論對業績的提升或事業的拓展都有莫大的幫助，也就是平時在人際關係上廣結善緣，事業就能左右逢源的道理。

　　印度有一句哲諺：「If you walk fast, walk alone;If you walk far,walk together.」意謂一個人如果想走得快，貪圖眼前近利，大可一個人獨來獨往或單打獨鬥；但要想走得遠，走得穩，最好要有團隊（Team work）觀念，重視團隊精神，找一些志同道合的夥伴長期合作。果真如此，無論是個人事業或企業經營，皆能可大可久。

　　在職場上也流行的一句話：「一個人二十歲到三十歲時，靠專業、體力賺錢；三十歲到四十歲時，則靠朋友、關係賺錢；四十歲到五十歲時，要靠錢賺錢。」

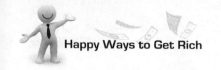

以上兩句話分別道出人際關係或人脈關係的重要。一個人在社會上，或是在職場上，不可能遺世獨立，踽踽獨行，或獨善其身地不與他人來往接觸。

😃 建立人脈關係就能暢行無阻

尤其中國人是最講究人事背景、地緣關係、同族同宗及同鄉同儕關係的民族，而且凡事講求關係，所謂：「有關係，就沒關係；沒關係，那關係可大了。」只要攀親帶故地牽連點關係，一切事情都好辦；就算沒關係，也要設法打點，建立起關係，如此就能暢行無阻。反之，如果一切人生地不熟，則將四處碰壁，或是寸步難行。

有一個大學教授經常要出國演講、開會、考察或旅遊，每次出國要訂機位，總要和航空公司聯繫或確認機位多次，浪費不少時間，有時還為訂不到機位而傷腦筋；直到有一天他在無意中認識了一位航空公司的經理，發現他竟然是自己以前的學生，從此以後，這位教授每次出國時，只要一通電話打給航空公司的經理學生，機位立刻搞定。無論是淡季或旺季，不但不用擔心沒有機位，而且買經濟艙機票，還可自動升等商務艙。顯然，這個師生關係真是用到恰到好處。

每年過年過節返鄉，火車票往往一票難求，生病住院則擔心沒有病房。但只要有關係，或找有力的民意代表出面關說，問題就迎刃而解。這就是有關係就沒關係的例證。

而在職場上人脈關係之為用、好用，更是大矣。所謂：

「千里馬也需要伯樂」，「專業是利刃，人脈則是秘密武器」，人脈關係在職場上的運用，更是具有神奇的效益，不容忽視。

在好萊塢，流行一句話：「一個人能否成功，不在於你知道什麼（what you know），而是在於你認識誰（who you know）。」卡內基訓練（Carnegie）大中華區負責人黑幼龍指出，這句話並不是說培養專業知識不重要，而是強調「人脈，是一個人通往財富、成功的入門票」。

根據美國史丹福（Stanford）研究中心曾經發表一份調查報告，結論指出，一個人賺的錢，12.5％來自知識、學問，87.5％來自人脈關係。不論是渴望轉職、加薪、晉升或是自行創業，「人脈關係」都可能是左右一個人成功的重要關鍵，根據104獵才顧問中心的就業市場調查發現，平均每四個人中，就有一人是透過親友介紹職缺才找到工作的。

☺ 儲存人脈關係存摺

現在在職場上忙碌奔波的你，在你的「人生存摺」中，除了金錢、知識學問及專業技能外，你儲存、累積了多少人脈關係？你的「人脈競爭力」有多強？這將決定你在職場競爭的勝負。設法累積你的人脈關係存摺，對你的事業發展有百利而無一害。

這裡所提到的「人脈競爭力」，其重要性不亞於學歷、專業知識、語文能力等競爭力，其主要是指一個人在人際關係、

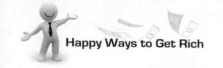

人脈網絡上的優勢。換言之，一個人脈競爭力強的人，他擁有的人脈資源相較別人既廣且深。在平時，這個人脈資源可以讓他比別人快速地獲取有用的資訊，進而轉換成工作升遷的機會，或者財富收益；而在危急或關鍵時刻，也往往可以發揮化險為夷、轉危為安，或臨門一腳的作用，促使事業成功。

真正的人脈資源，就是在你的人生或工作中遇到問題時，會在前面引導你；需要幫助時，第一個伸出援手；有專門的知識或技術需要請教時，能夠和你商量的人。他能夠擔任你和其他人之間的聯繫橋樑，是非常有幫助且便利的「人際網絡」。

五十年次的凌航科技董事長許仁旭，由於廣結善緣，廣布人脈，事業版圖不斷擴大，現在已是身兼十幾家科技公司的董事長。有人問他事業成功的know-how在哪裡？他回答說：「就是靠朋友。朋友越聚越多，機會也越來越多。」所以，多一個朋友多一條路，認識的朋友愈多，事業的觸角自然延伸得愈廣。

☺ 長官前輩都是職場貴人

在日本有超過二分之一的上班族讀過「島耕作」暢銷書，作者弘兼憲史將一個剛進入職場的年輕人「島耕作」，如何成功讓自己從「課長島耕作」到成為「部長島耕作」，乃至最後升任為「取締役島耕作」（取締役即執行董事）的工作歷程細膩描繪。

島耕作從基層課員做起，在長達三十年的職涯歲月裡，

從一個小職員一路升到董事，他的升官哲學及成功法則，就是非常用心地和長官以及經驗豐富的前輩，建立良好的關係，保持應有的「職場倫理」，他把這些人視為自己職場上的老師，不斷向他們虛心請益，從旁觀察學習他們的言行應對與處世哲學，就像孔子說的「三人行必有我師」般，最後這些長官和前輩就變成島耕作的貴人！

「財富不是永遠的朋友，朋友才是永遠的財富。」一個人的人脈關係亦是永遠的財富。人脈關係存摺裡的人脈儲存得愈多，累積得愈多，成功及財富也就隨之而來。

《聖經》上說：「與喜樂的人要同樂，與哀哭的人要同哭。眾人以為美的事，要留心去做。若是能行，總要盡力與眾人和睦。」這就是累積人脈關係財富的有效作法。

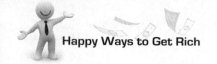

30 上班族及早存錢購屋為上策

「台北居大不易」，但對於一個有穩定收入的上班族，只要做好理財規劃，持續存錢三至五年，還是可以完成購屋的夢想。

　　有上班族問筆者：目前看新聞台北市房價高漲，以一個上班族不吃不喝要好幾年才買得起房子，如果是有一個穩定收入的上班族，要如何理財才能達到這樣龐大的目標呢？

　　首先要恭喜這位網友是一個收入穩定的上班族，現在失業率居高不下，有一個穩定的工作，是一件非常幸福的事，因為有穩定收入的人，一定買得起房子，遲早可以脫離無殼蝸牛的日子。

😊 努力賺錢、存錢以準備購屋

　　「台北居大不易」，台北市的房價的確不斷節節高升，而且在可預見的未來還是漲多跌少的趨勢，如果手上有點積蓄的話，趁早買房子準沒錯；否則，未來房價愈漲愈高，想要在台北買房子，將更加不易。俗謂：「有錢沒錢討個老婆好過年」，現在則是「有錢沒錢買個房子好過年」。當然，沒錢是

很難娶老婆，也很難買房子，所以要趕快存錢，或是努力工作賺錢，讓自己有錢。

對於一個有穩定收入的上班族，只要做好理財規劃，持續存錢三至五年，即可完成購屋的夢想。例如月收入3萬元的上班族，想要買房子，則每月至少要提撥（存）1萬元的購屋基金，存入銀行雖然利息很少，但風險比較低；買政府公債，利息比銀行定存高，倒是不錯的選擇；至於購買定期定額的基金，也是不錯的理財選項，但要慎選投資標的，一般而言，購買定期定額的基金，只要買對基金，一年大概可以有10％左右的獲利，當然比銀行定存利息高很多；至於投資股票，當然也是一個理財選項，獲利也可能比較高，風險相對也比較高，宜謹慎為之，但如果是逢低買進績優股，獲利的機會就很大。

以月收入三萬元的上班族，如每月提撥（存）一萬元的購屋基金，不計利息收入，一年至少可存12萬元，三年至少可存36萬元，五年至少可存60萬元的購屋基金。如果是月收入5萬元的上班族，則建議每月可提撥（存）2萬元的購屋基金，不計利息收入，一年至少可存24萬元，三年至少可存72萬元，五年至少可存120萬元的購屋基金。無論是60萬元或120萬元的購屋基金，都足夠可以作為購屋的自備款，其餘可向銀行貸款。

☺ 循序漸進由小換大

一般購買新成屋或預售屋，銀行貸款可達八成以上，甚至可達九成。如果買中古屋，則要視各家銀行的鑑價及貸款成數

而定，一般可貸七成左右。上班族首次購屋，先從購買小坪數
（約20坪）及郊區的房子著手，日後再用小房子換購大房子，
再換購到市區較理想地段的房子，採循序漸進地方式。剛開
始，手頭上的資金有限，可以先從小坪數及郊區的房子著手。
尤其新北市一些大型造鎮的預售屋，價格算是合宜，也可以列
入考慮。筆者通常不鼓勵人買預售屋，因為在交屋過程中有不
確定的風險存在，所以如要買預售屋，一定要慎選信譽良好的
建商。

根據信義房屋調查，台北市預售屋房價每坪已高達平均60
萬元以上，中古屋也平均要40萬元以上；新北市方面，預售屋
平均每坪高達30萬，中古屋在15～20萬之間。在這波房地產景
氣推升下，預售屋和中古屋的房價，均攀上歷史新高，民眾薪
水卻依然不漲。因此，在新北市林口、三峽、汐止、蘆洲等地
推出的大型基地的造鎮計畫，每坪售價約從20萬起跳，在購屋
預算有限的情況下，在這些地區比較可以買到屋齡較新的房子
及更大的使用空間，的確有其吸引人之處，也是首次購屋族可
考慮的選項。

如買上述新北市預售屋，一坪以30萬計算，20坪，總價是
600萬，銀行貸款八成480萬，自備款需120萬。預售屋的自備
款不必一次付清，分訂金（視情況而定，約1萬不等）簽約金
（約10萬）、頭期款（約10萬）及各期工程款（平均約12～18
期，每期約3～5萬）依序繳納，交屋後開始分期繳納銀行貸款
（視貸款金額、利率及分期還款期數，如以貸款20年計算，平

均每月約繳納1.5～2萬）。

　　如購買新北市中古屋，一坪以20萬計算，25坪，總價是500萬，如銀行只貸款七成，350萬，則自備款需150萬。如購屋基金不足，只好購買20坪左右的中古屋，一坪以20萬計算，20坪，總價是400萬，銀行如貸款七成，280萬，自備款需120萬。如能向銀行爭取到八成貸款，320萬，則自備款僅需80萬。以貸款20年計算，日後平均每月約繳納銀行約1.2萬。

　　首次購屋的上班族，可根據個人的收入、購屋基金的存款金額及居住需求，訂定具體的目標，然後開始存錢及找尋合適的房子。總之，只要有穩定的收入，做好理財規劃，三至五年內，擁有一筆自備款（購屋基金），加上搭配銀行房貸，想要買房子一定可以美夢成真的！

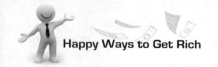

31 社會新鮮人理財可善用631法則

有工作就有收入，有穩定的工作就有穩定的收入；而有穩定的收入，也才是理財的第一步。剛踏入職場工作的社會新鮮人，在領到薪水後，應如何做好理財規劃？的確是不容忽視的課題。

大學剛畢業的社會新鮮人，要面臨失業率居高不下及找工作不好找的雙重壓力與挑戰，但仍有不少幸運兒脫穎而出，順利找到工作，雖然起薪不是很理想，還是值得慶幸感恩，因為「有工作真好」！這是現代許多上班族的心聲，比上不足，比下有餘，總比失業在家做宅男或宅女要好。

😊 固定儲蓄做好理財規劃

更重要的是，有工作就有收入，有穩定的工作就有穩定的收入，社會新鮮人剛從學校畢業，大多缺少實際的歷練，在選擇工作上較無主控權或決定權，無法要求「錢多事少離家近，位高權重責任輕」的工作，只能先求有再求好。先找到一份從基層開始做起的工作，逐漸接受各方面的歷練，進而再轉換心目中理想的工作或追求更高薪的工作，總是要經過「萬丈高樓

平地起」的階段，而不能一步登天。

　　有工作就有收入，有收入也才是理財的第一步。剛踏入職場工作的社會新鮮人，在領到薪水後，應如何做好理財規劃？的確是不容忽視的課題。據104人力銀行調查，98年大學畢業生起薪約為2萬7700元，若以近三年國人的平均儲蓄率28.25％計算，社會新鮮人每月應至少存7700元。這是一個理想過高的數字，還是一般社會新鮮人可以順理成章地輕易執行，可能因人而異，但無論如何，在一領到薪水後，立刻做好理財規劃或養成固定儲蓄的習慣是必要的，也可避免成為「月光族」（每月薪水花光光）或淪為「卡債族」的窘境。

　　理財專家建議社會新鮮人，在領到薪水後，可善用「631法則」的理財規劃，亦即把薪水分成十等份，其中六等份用於日常生活支出，三等份用來儲蓄，剩下的一等份用於基本保險（包括意外住院等人身醫療保障）的規畫。

😊 要有意外風險規劃的觀念

　　根據衛生署統計資料，15～29歲的年輕人因意外而住院的比率（91～96年平均值）為31％，是所有的族群中最高的，且其意外身故占總身故比率為48％，更是遠高於全國平均的5％！所以剛出社會的年輕人應有風險規劃的觀念，每月至少提撥薪水的10％來規畫意外與醫療保障是有必要的。

　　當然，社會新鮮人「631法則」的理財規劃，並非一成不變，可視個人需要作彈性調整，重點在於要養成儲蓄習慣及做

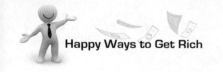
好風險管理的理財規劃，此生即使不能大富大貴，至少可以不虞匱乏。

基督徒有奉獻十分之一的誡命，也就是每月在領到薪水，或是每一筆收入，都要先提撥十分之一，作為當納的「什一奉獻」。所以「631法則」的理財規劃，對於基督徒社會新鮮人即可調整為「1531」或「1621」。

「1531」就是把薪水同樣分成十等份，先提撥出當納的「什一奉獻」，剩餘九等份，其中五等份用於日常生活支出，三等份用來儲蓄，最後的一等份用於基本保險的規畫。「1621」則是先提撥出當納的「什一奉獻」，剩餘九等份其中六等份用於日常生活支出，二等份用來儲蓄，剩下的一等份用於基本保險的規畫。

如需孝敬父母雙親或奉養長輩，則要緊縮日常生活支出，建議從「1621」中的六等份日常生活支出中，提撥一至二等份作為孝親用，以報答父母長輩的養育之恩。

總之，「好的開始，是成功的一半」，好的理財開始也是致富的起步，社會新鮮人在工作崗位上要努力衝刺，也別忘了做好理財規劃，以迎接美好的每一天。

32 再談社會新鮮人的理財

> 　　想要增加收入，就要想辦法從增加業外收入著手；因為本業收入是死薪水，只有從兼差或兼職著手，亦即不能只有一份收入，必須有雙薪以上的收入。

　　對於如何培養理財力？有剛入社會的上班族小今問說：「我是社會新鮮人，是個上班族，對於『作為一個上班族，更需要增進理財力，一方面增加收入』這句話，有點不是很清楚，如果我領死薪水，要怎麼增加收入？只靠精打細算省錢嗎？如果投資，該做什麼投資呢？」

　　小今的問題可謂問到了重點，就是：「上班族領死薪水要怎麼增加收入？」這的確是非常實際的問題，也是每一位上班族，尤其是社會新鮮人必須面對的問題。

☺ 跑業務，薪水收入自己決定

　　一般來說，上班族（除了跑業務有獎金收入外）大都是領死薪水（每月薪水收入是固定的），要如何增加收入？的確不容易。至於社會新鮮人剛進入職場，無論學歷高低，也都是從支領起薪（或稱最低薪資）開始，大概在二萬出頭到三萬元之

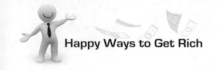
間，可謂收入有限，捉襟見肘，常常每月錢都不夠用，那還有多餘的錢存錢或投資？而且是職場菜鳥，初來乍到，還在熟悉適應新職，也很難有餘力或多餘時間去增加收入。

所以對於一個社會新鮮人，如果不想領死薪水，想收入多一點，建議先從跑業務（業務員）開始做起，比較有挑戰性。職場上常言，「業務員的薪水由自己決定」，想領多少由自己決定，而且沒有上限。一般比較有規模或有制度的公司，業務員有保障底薪，再視業績表現發給獎金，獎金收入通常都比底薪高；但現在有不少公司為節省人事支出，業務員沒有保障底薪，完全視業績表現發給獎金，但獎金的金額比較高。

至於近年來盛行的直銷業（或稱多層次傳銷），也是屬於業務性質，但完全沒有底薪，也沒有勞健保，端賴直銷商銷售產品及發展組織（俗稱拉人頭），才有銷售獎金及組織獎金的收入。如果是正派經營、制度健全及產品優良的直銷公司，能力高強的直銷商，收入的確很可觀，但畢竟成功者只是少數。至於掛羊頭賣狗肉的直銷公司，則隨處可見，大多以「老鼠會」（需不斷拉人頭發展組織，才有獎金收入）的方式經營，最後上當受騙者不計其數。所以初入社會的求職者，要提高警覺，小心各種求職陷阱。

至於一般傳統行業的業務員，業務能力強的廣告AE、房屋仲介專員、保險經紀人或金融理財專員等，薪水絕對不是領死薪水，年收入百萬元已不稀奇，月收入百萬元也所在多有，比一般上班族的薪水收入要高，而且高所得者比比皆是。

　　一個社會新鮮人，如果肯接受業務員的歷練，只要有恆心、毅力及學習力，鍥而不捨，通常花三年時間，即可進入狀況，甚至可躋身頂尖業務員，坐領高薪。所以，「上班族要怎麼增加收入？」答案是：「不要領死薪水，去跑業務，自己決定自己的薪水。」

☺ 努力兼職成為雙薪收入

　　其次，「領死薪水的上班族要怎麼增加收入？」如果有人認為自己個性不適合做業務員，或不喜歡跑業務，想要增加收入，就要想辦法從增加業外收入著手；因為本業收入是死薪水，除了老闆調薪外，不可能增加收入。想要增加收入，只有從兼差或兼職著手，亦即不能只有一份收入，必須有雙薪或三薪以上的收入。

　　最簡單的兼差就是打工，例如一個上班族每天朝九晚五上班工作，領一份固定的薪水，想要增加收入，只好在下班後再去超商或速食店打工四小時，按時薪賺取鐘點費；或是去開計程車，或一早起床送早報，或到早餐店打工，都可以增加額外的收入。但這種額外的打工兼差，是頗耗費體力的，是要視各人的體能狀態，以免過度勞累，為多賺點金錢，賠上自己的健康與生命，就得不償失了。

　　至於兼職方式，例如有些上班族外文能力優秀，可在下班後從事文稿翻譯（論稿計酬）、口譯、外文家教或到補習班擔任外文教學講師；或是以其特殊才藝專長，例如鋼琴、小提琴

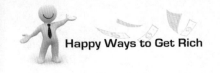
等樂器的教學，樂團演奏或歌唱表演，或舞蹈教學（以上大多為賺鐘點費），或論件計酬的法律、財務的諮詢顧問（賺顧問費），或寫作（投稿賺稿費）出書（賺版稅）、演講（賺車馬費）等等。以上特殊才藝或專業專長的兼職，一般收入都要比領取時薪的打工族收入要高很多。所以，一個上班族要具備第二或第三專長也很重要，除了提升自己的競爭力外，有時多一份專長，就多一份收入。

😊 投資理財讓財富倍增

上班族要增加收入，就要開源節流，但光靠節流省錢是不夠的，而要想辦法增加業外收入，然後多管齊下，再搭配一些簡單的投資理財，也是必要的，例如定期定額的儲蓄與投資，也就是所謂的「懶人投資法」。建議一般上班族或社會新鮮人，先從投資定期定額的基金開始，

例如每月固定投資3000元或5000元的穩健型基金，或投資型的保險也是一種方式。

如果，有多餘的資金，再提撥一部分（約五至十萬元）投資股票，建議購買績優股，每年進場一次，即選擇大盤狂跌之際逢低進場，再做中長期投資，只要獲利10％以上，即可逢高出脫。筆者不建議炒短線的投機方式買賣股票，因為買股票是投資，只要能獲利，降低風險，看準時機，一年進出股市一次即可。

至於上班族或社會新鮮人具體的投資理財建議，請參閱前

文「社會新鮮人理財，善用631法則」及以下陸續討論有關基金和股票投資相關內容，敬祝各位上班族投資理財成功，都能順利增加收入，且收入節節高升。

《聖經》箴言說：「手懶的，要受貧窮；手勤的，卻要富足。殷勤的人，卻得到寶貴的財物。」

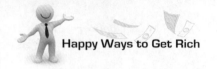

33 跑業務成就感最大

做一個業務員要學的東西很多，可謂包羅萬象，例如：拜訪客戶應對進退的禮節、表達溝通能力、培養專業知識及建立人脈關係等，每一項都是一門學問。學會這些本事，就等於學會賺錢的能力，也就擁有一生的財富。

有讀者問到：「剛出社會的新鮮人對事對人都還不熟悉是合（應該是適合）作業務員嗎？你會建議有興趣就去嘗試還是你會建議多方思考朋友圈會不會買你的產品才去做呢？？因為我對這塊還滿有興趣的請給予指導」

以上是現代新新人類的寫作筆法，遣辭用語除了用兩個？號，沒有其它標點符號，加上難免會有錯別字，乍看還頗不習慣，但總比火星文好讀多了，所以還可以了解其問題的重點，謹就筆者個人的粗淺經驗回答如下。

☺ 先學會賺錢的能力

首先，剛出社會的新鮮人，也就是剛進入職場的菜鳥，可以說是一張白紙，的確對很多人事時地物都還搞不清楚，這

時從基層的業務員做起，接受最基本的業務磨練，是最好不過了，而且吸收最快，成長最顯而易見。

做一個業務員要學的東西很多，可謂包羅萬象，例如：拜訪客戶應對進退的禮節、電話禮貌、表達溝通能力、儀表穿著、建立人際關係及人脈關係、充實一般常識、新聞時事及產業趨勢的了解，再加上專業知識的培養與認識、產品的了解及競爭對手的資訊掌握、如何做好售後服務、危機處理等等，不一而足，每一項也都是一門學問，都值得學習。學會這些本事，就等於學會賺錢的能力，也等於擁有一生的財富。

對業務有興趣的人，投入業務工作，自是如魚得水，可以好好發揮，一展長才；對業務沒有興趣的人，在沒有找到理想工作前，不妨勉強自己接受業務的磨練，對自己工作能力的提升，可謂有百利而無一害。

現在有制度或有規模的公司，對新進業務員，一定會給予職前訓練，並由資深的業務員一對一地帶領，好讓菜鳥新手可以儘快進入狀況。但無論如何，一個業務員總有獨立作業的一天，很多實際的業務還是要自己親身去摸索、經歷，最後成為自己學到的經驗，也是自己培養出的工作能力，日後可以獨當一面，也受用一輩子，這也是別人所奪不走的能力。

☺ 拜訪客戶開展業務

筆者在三十年前剛踏入職場工作時，即在一家文字出版品公司當業務員（早年又稱外務員，近年則稱業務專員），公

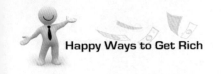

司的主要產品是各式各樣的卡片（例如生日卡、感謝卡、萬用卡及配合季節出版的母親節卡、教師卡、聖誕卡等）及紙製品（各式信封、信紙、書籤等），主要的客戶對象就是各大書局及文具用品店。每天的工作就是拜訪客戶，把公司產品推廣上市，在出門前一定要先準備好產品目錄、訂貨單、名片、擬定拜訪的區域及客戶名單及筆記本（記錄客戶名稱、老闆或負責人大名、電話及客戶特徵等），然後逐一拜訪客戶。

初次見到客戶，當然是先交換名片，自我介紹及介紹公司產品；有時雙方初次見面，彼此還不熟悉，只能點到為止，或是老闆一時不能決定要不要訂貨，往往不可能拜訪一次就做成生意的。這時就要設法和老闆攀關係、套交情，預留下次再次拜訪的空間，所謂：「一回生，二回熟」及「見面三分情」，多拜訪幾次及不時電話連絡問候，建立起友誼，業務也就順理成章、水到渠成地順利達成，進而取得訂單。

接著就是送貨，之後還要三不五時去巡貨、補貨，順便和老闆天南地北地聊天，增進彼此的關係，順便掌握顧客對公司產品的反應及接受度，並了解同行的產品優勢或劣勢比較，提供設計部門參考，最後是請款和收款。以上就是一個業務員要做的事。

😊 開發陌生市場，收入水漲船高

跑業務可以不用去思考親友會不會買你的產品的問題，通常做保險或直銷業務，都從親朋好友開始著手推銷，但親朋

好友畢竟有限，也總有利用完的一天，最後還是要拜訪陌生客戶、開發陌生市場，就是要多與人接觸，因為陌生市場永遠比親朋好友的市場大，再加上客戶的口碑相傳，業務面就能愈拓愈廣，從菜鳥業務員搖身一變而成為超級業務員，收入自然也就水漲船高。

業務員要永遠站在公司的第一線，也是最前線，為公司產品及業績衝鋒陷陣、開拓市場及招攬客戶，是為公司賺錢的關鍵人物，可謂是公司的一大功臣。「一分耕耘，一分收穫」，「凡流淚撒種的，必歡呼收割」！真正投身業務工作，其成就感遠比其他任何部門的人都大，其在職場上，無論是有形的金錢收入及未來無形的發展也都是不可限量的！

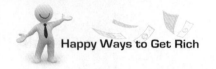

34 挑戰全世界最棒的工作

> 現代上班族或是失業、待業族，面對職場或找工作的壓力時，千萬不要膽怯，而要勇於挑戰「全世界最棒的工作」，設法培養自己成為一位具備國際觀，有跨國、跨界及跨領域工作的專業能力與適應力。

　　2008年秋，全球性的金融海嘯重創百業，經濟景氣瞬間跌落谷底，不但失業率節節高升，想找工作的人更是怨嘆工作不好找。幸好冬去春來，從今年入春以後，經濟景氣已明顯跟上大地回春的步調，就業市場也連帶重現生機，放無薪假的上班族紛紛返回工作崗位，政府與民間企業也相繼推出各種就業方案，提供各項就業機會給失業族群。其中，人人都想找最好、最棒的工作，到底世界上有沒有最好、最棒的工作？

　　2009年一月間，澳洲政府昆士蘭旅遊局公開召募號稱「全世界最棒的工作」（The Best Job In The World）的「澳洲大堡礁保育員」，引起全球謀職者的矚目與躍躍欲試。這個全世界最棒的工作，最後錄取人選揭曉，由英國卅四歲的金髮帥哥邵斯霍出線，台灣的甜心寶貝王秀毓以些微差距與最後入圍的其他十五人一同成為遺珠。她在落選後以平常心看待這次結

果，認為這是一次「精彩的旅程」，不但令她難忘，也讓她收穫很多，可以繼續勇於挑戰下一個全世界最棒的工作！

而從七月一日起，邵斯霍將過起賞鯨、餵海龜、探索大堡礁勝景及撰寫部落格記錄護島生活等天天樂翻天的日子，半年後，他將賺得澳幣十五萬元（約台幣三百六十六萬元）的高薪（平均月薪為台幣六十一萬元）。他的加拿大女友將和他在島上會合，一起免費住進大堡礁漢米頓島，附有泳池和高爾夫球車的豪華海濱別墅中，看來果然是世界上最好、最棒的工作，令人羨慕。

☺ 好的工作機會隨時都有

就在「澳洲大堡礁保育員」招聘工作才剛落幕，緊接著出現中國版的全世界最棒工作，廣東省德慶盤龍峽生態旅遊區將招聘兩名薰衣草天使，工作是每天巡視薰衣草田、指導遊客遊覽拍照等，獲聘者除可住在景區內的超五星度假別墅外，月薪更超過八萬元人民幣（約台幣四十萬元），的確是很棒，且非常誘人的工作。

從「澳洲大堡礁保育員」到廣東省德慶盤龍峽生態旅遊區的「薰衣草天使」，從這兩項工作的環境、內容、待遇及福利看來，顯然，的確有「全世界最棒的工作」，而且召募或徵選對象不限國籍，除了「薰衣草天使」限定女性外，任何國家的人均可躍躍一試。

所以，不要怨嘆失業率及工作不好找，好的工作機會到處

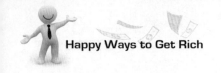

都有或隨時都有，「機會是留給準備好 的人」，只要你有過人的本事、有國際觀及跨國工作的能力，隨時有全世界最棒的工作，且是高薪的工作，等著你大顯身手！

　　諾貝爾經濟學獎得主克魯曼於五月間應邀來台出席「國際經濟金融論壇」，在與台灣青年學生對話時，即針對就業問題提出見解，他建議學生要培養分析事情、解決問題的專業能力，而且專業技能越好，就業機會就越大。

☺ 具備多項專業能力，就業機會大

　　克魯曼提出具備專業能力愈好，就業機會愈大，的確非常重要。而且專業能力要不只一項，如能擁有兩項以上的專業能力更好。在職場上有一種 π 型人，即在原有的專業知識能力外，另行修習有用的第二專業技能，以大幅增進自己的工作實力。例如醫生如果懂得電子學，將可善用電子儀器來幫助診斷及治療病人；機械工程師如果懂得美術設計，將可為新車款打造美麗的外型。當你具備第二專業能力後，將使第一專業能力有更大的揮灑空間，產生相輔相成的加分作用。

　　進而言之，π 型職場人在職場上具有以下獨特的六大優勢，足可戰勝不景氣：

　　1. 擁有別人難以具有的特殊技能。

　　2. 具備別人難以精通的專業知識。

　　3. 突破別人難以突破的職場瓶頸。

　　4. 養成別人難以培養的跨界視野。

5. 進入別人難以接觸的獨特領域。

6. 開創別人難以構想的美麗世界。

「上帝賜給我們，不是膽怯的心，而是剛強、仁愛、謹守的心。」（提摩太後書第一章7節）現代上班族或是失業、待業族，面對職場或找工作的壓力時，千萬不要膽怯，而要勇於挑戰「全世界最棒的工作」，設法培養自己成為一位 π 型職場人，具備國際觀，有跨國、跨界及跨領域工作的專業能力與適應力，當然外語能力不可少，其次要身強體健，還要有溝通及表達能力，加上獨當一面的能力，就不怕找不到好工作，不怕沒有高薪的工作。只怕全世界最棒的工作來了，你卻失之交臂、徒呼負負，那就令人遺憾、可惜了！

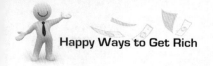
35 職場競爭與機制設計理論

> 職場上的競爭，爾虞我詐，勾心鬥角，不免有小人為求升遷或謀求某種利益，以不當方式或不擇手段達成目的。公司除了要有健全公平的人事制度外，還要有一套興利除弊、防微杜漸的機制設計，以杜絕弊端。

「賽局理論」大師，2007年諾貝爾經濟學得主麥斯金於2008年四月應邀來台，在一場「多贏──最佳機制設計」為題的演講中，以深入淺出的例子來闡述他的「機制設計理論」，即是先設定想要達到的目標，然後設計出一種機制，讓這個目標得以達成。

當然這套機制必須同時滿足於參與其中的各方，或者讓他們可以接受，因此設計的同時就是一種條件的創造，由各方所欲的多種條件中，設定一種機制，讓各方都認為他們得到了他們要的目標，或是獲得皆大歡喜的滿意結果。

麥斯金首先以切蛋糕為例，一個媽媽有兩個孩子，一個哥哥，一個弟弟，哥哥和弟弟都想要分到一半蛋糕，媽媽的想法很簡單，就是平均切開一半，給兩個孩子各一份。但哥哥和弟弟想法的可能會不一樣，如果媽媽切得大小不一，說不一定就

分到比較小的那一份。

　　有沒有一個機制可以達到公平的目標呢？麥斯金說，有一個古老的辦法，就是由哥哥切蛋糕，但由弟弟先選，哥哥一定會很用心地將蛋糕切成大小一樣平均的兩塊，否則弟弟先選，哥哥就會選到比較小的那一份；而弟弟先選也很高興，因為如果哥哥切得不平均，他就可以拿到較大塊的。而蛋糕因為是哥哥自己切的，無論弟弟怎麼選，剩下的，不論哪一塊都是他切的，也不會有任何埋怨。

☺ 制定公平機制創造雙贏

　　接著，麥斯金又提及《聖經》中亞伯拉罕與羅得（Abraham and Lot）的故事為例子。《聖經》創世記中記載，亞伯拉罕（原名亞伯蘭）的牧人與姪兒羅得的牧人，雙方因爭地盤而鬧得不可開交。為了平息紛爭，亞伯拉罕就對羅得說：「你我不可相爭，你的牧人和我的牧人也不可相爭，因為我們是骨肉。遍地不都在你眼前嗎？請你離開我：你向左，我就向右；你向右，我就向左。」

　　羅得舉目看見約旦河的全平原，都是滋潤肥沃的土地，於是先選擇約旦河的全平原，往東遷移。羅得離別亞伯蘭以後，耶和華上帝對亞伯蘭說：「從你所在的地方，你舉目向東西南北觀看，凡你所看見的一切地，我都要賜給你和你的後裔，直到永遠。你起來，縱橫走遍這地，因為我必把這地賜給你。」

　　以上兩個故事旨在說明，為了化解紛爭，可以制定一個雙

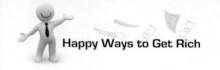

方都認可的公平機制，達到雙贏的目標。尤其亞伯拉罕對羅得說：「你向左，我就向右；你向右，我就向左。」顯示出亞伯拉罕的胸襟與智慧，他願意退讓，讓姪兒羅得先選，結果不但有效化解紛爭，而且「吃虧就是占便宜」，耶和華上帝把更多的土地賞賜給亞伯拉罕，並賜福予他和他的後裔。

在職場上，競爭和紛爭是在所難免的，因此在公司治理的運作上，如何建立一套公平的機制，讓不同部門的組織或個人，可以公平競爭，共存共榮，共創雙贏或多贏，達成公司的目標，這是值得正視的問題。

☺ 職場競爭機制是一種人生智慧

這個組織內部運作公平機制的建立，一定要由組織內相關的當事人參與，制定一個可行的遊戲規則，大家共同認可，形成共識，然後一體遵行。就像以前在學校裡一樣，由同學自訂班規，甚至誰最調皮搗蛋，不遵守校規，就讓誰當風紀股長，由他來執行班規。

尤其公司內部如果涉及規範員工福利或是職場紀律的問題，最好不要採用由上而下的方式，而是由下而上的方式，即是由員工自己制定遊戲規則，然後由員工自己來遵行；員工自律，自動自發，要比高壓命令的方式符合人性，員工也無藉口可推託，效果自然較好。

此外，職場上的競爭，有時爾虞我詐，勾心鬥角，不免有小人為求升遷或謀求某種利益，以不當方式或不擇手段達成目

的。此時，除了公司要有健全公平的人事制度、升遷管道與獎懲辦法外，還要有一套興利除弊、防微杜漸的機制設計，以免有人僥倖得位、不當得利。

例如公司經理人與股東的資訊與目標並不一致，經理人有比較多的權力與資訊，可以做出對個人有利、但對公司不利的決策，股東因此設計出公司治理制度，包括經理人決策必須經董事會通過、獨立監察人要蓋章等，以規範經理人的行為，這就是「機制設計」理論運用的典型例子。

當然，如果你萬一身陷在職場的人事紛爭中時，不妨學習亞伯拉罕的胸襟與智慧，以退為進，或是化解衝突，或是讓衝突雙方達成最大公約數的共識，各取所需；這也可視為一種人際關係和諧的機制設計，也是一種人生智慧，因為「退一步海闊天空」，甚至因此而「塞翁失馬，焉知非福」，也說不一定！

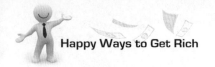

36 綠領人才職場搶手

> 　　綠領人才將主導企業的未來發展，讓企業具備綠色形象，逐步發展更具競爭力的綠色產品與創新服務。綠領人才在未來的職場上，勢將獨領風騷，成為企業的搶手人物。

　　在職場上一直有一個傳統的「二分法」階級區分，一種是「白領」階級，指一般坐辦公桌，穿襯衫、打領帶的上班族；另一種「藍領」階級，指的是付出勞力，所謂「黑手」的勞工階層。現在則多了「綠領」階級，或稱為「綠領人才」、「綠領工作者」，就是一群重視、研發及執行環保的專業人才。

　　專職經營綠色人力資源管理的Green Careers創辦人瑪麗‧柯本（Marie Kerpan）認為，任何能夠幫助生態永續經營的工作都是綠領工作。

😊 節能減碳帶來綠色商機

　　隨著油價上漲、臭氧層破洞及全球氣候暖化現象日益嚴重，「節能減碳」的環保意識抬頭，以致於企業環保或環保企業不僅是趨勢，也是職場致勝關鍵，綠色浪潮已襲捲全球。

企業從研發、產品設計、市場行銷、廣告宣傳到顧客服務，都要講究環保，力行節能減碳，綠領人才自然水漲船高地搶手起來。

在一片高唱環保的聲浪中，出現生機無限盎然的「綠色商機」（Green Opportunity），「綠色產業」（再生科技能源及節能減碳產業）大行其道，具備相當規模的企業，都相繼增設環保部門，延攬環保人才，推動環保政策。例如全球最大搜尋引擎入口網站Google，為配合綠色環保政策，成立環保專責部門，在總部辦公大樓屋頂全面安裝太陽能發電設備，並利用Google 2號衛星空照與巴西熱帶雨林原住民合作，共同防制雨林的濫砍、濫伐。

也是全球知名的雅虎（Yahoo！）網站創辦人之一的大衛費羅（David Filo），親自主導規劃雅虎成立「環保資訊網站」（green.yahoo.com & 18seconds.org），提供各項環保資訊及宣導各種節能減碳的小撇步。

美國零售業龍頭威名百貨（Wal-Mart）自2005年開始推動「永續環境計畫」，希望達到百分之百再生能源、創造零廢棄物，以及銷售可以維持自然資源和環境的產品。

☺ 綠色產業業績亮眼

再看國內產業，台灣排行前四十大集團，紛紛投入太陽能科技產業的開發，標榜綠色產業的企業業績表現尤其亮眼，強調綠色環保不再只是消極的規範，而是攸關銷售量及品牌形象

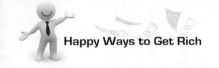

的競爭優勢。

在台灣南部科學園區，儘管南台灣夏季的氣溫逼近攝氏四十度的高溫，綠蔭掩映處卻座落著台積電十四廠第三期晶圓廠房，八月初才剛獲得美國LEED（Leadership in Energy and Environmental Design）綠建築評估系統的金級認證，成為全台灣第一棟取得美國LEED認證的綠建築。

台灣集團龍頭寶座台塑集團、台灣面板龍頭友達、台達電、明基友達及旺能光電等知名企業，均用「綠能」來創新，大舉開發包括太陽光電、太陽能電池、風力發電等再生能源產業，與LED照明、油電混合車等節能產業，成為現代「綠巨人」企業的代表。

☺ 綠領工作者企業需求大

以上「綠色產業」的開發，自然需要大批綠領人才，因此，「綠領工作者」需求量大增，「綠色技能」成為未來職場必須具備的基本能力。根據美國太陽能協會（American Solar Energy Society）研究指出，到了2030年，美國每四位工作者，就有一位「綠領工作者」。這些工作者需求，將從能源相關的產業擴大到各種產業，工作職缺將從現在的八百五十萬名，大幅增加到2030年的四千萬名。同理，國內產業對「綠領工作者」的需求，亦可等比例齊觀。

在這股綠色商機中，為綠領工作者創造了新的職銜、新的專業及無數新的機會，例如環保執行長（Chief Sustainability

Officer）、環境責任副總裁（Vice President for Eco-Responsibility）、安全及環境維護主管、安全衛生環保工程師、資深能源經理、綠色人力資源管理、碳權交易員、分析師、專案經理人等等。這些綠領人才將主導企業的環境策略與承諾，讓企業更具備綠色形象，逐步發展更具競爭力的綠色產品與創新服務。

上帝所創造的地球只有一個，需要人類共同來愛護、永續經營。綠領人才無異是地球環保的尖兵，在未來的職場上，也是新興崛起的嶄新領域，其發展空間無限，潛力十足，勢將獨領風騷。迎接綠色經濟的來臨，綠領人才，你準備好了嗎？

CHAPTER

04

分享致富

一個成功的企業合作，一定是「先有對方，後有我」，當
對方感受到你的誠意與善意，覺得和你合作可以獲利，自
然心悅誠服，樂意和你簽約合作，從而創造雙贏的利基，
將雙方的利益極大化。

HAPPY WAYS TO GET RICH

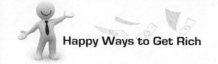

37 合則兩利，有錢大家賺

> 「商場如戰場」，企業或同行之間免不了要彼此競爭，但不見得要拼個你死我活，造成兩敗俱傷；而應該尋求合作的空間，形成「既競爭，又合作」的關係，如此相輔相成，可以互相拉抬業績，造成「合則兩利」的雙贏局面。

　　高鐵通車後，台鐵乘客頓時流失不少，現在台鐵靠著便當「大反攻」，登堂入室地進入高鐵車站大賣，總算搶回一些業績。高鐵與台鐵都是大眾化交通工具，彼此也是競爭者，但合作賣便當，創造「合則兩利」，有錢大家賺的商機，則是值得鼓勵與肯定的好事。

　　台鐵的排骨便當，已盛名遠播，深受乘客喜愛。很多高鐵旅客都習慣在台北車站買台鐵便當再去搭車，旅客中也流傳「坐高鐵、吃台鐵便當，是人生一大樂事」；但台北站以南的高鐵旅客要買到台鐵便當並不容易，台鐵因而主動找上高鐵洽談合作事宜，由台鐵付租金給高鐵，在高鐵車站設點販售台鐵便當。沒想到，高鐵在商言商，欣然接受。

　　2010年5月23日，台鐵便當正式進駐高鐵台中站，在高鐵

地盤上賣起台鐵便當，第一天開賣，果然生意興隆，很多高鐵旅客看到車站大廳居然賣起熟悉的台鐵便當，驚喜不已地說：「高鐵車站早就該賣台鐵便當了！」

由於旅客反應很好，到傍晚六點才剛過，五百多個便當銷售一空；緊接著高鐵左營站也將開賣台鐵便當，形成另類「策略聯盟」。高鐵主管表示，基於服務旅客的角度，這樣可以提供民眾更多的選擇，對於台鐵便當受歡迎，「我們也與有榮焉啦」。

固然，「商場如戰場」，企業或同行之間免不了要彼此競爭，但有時也不見得要拼個你死我活，造成兩敗俱傷，而應該尋求合作的空間，形成「既競爭，又合作」的關係，如此相輔相成，可以互相拉抬業績，造成「合則兩利」的雙贏局面。

由高鐵與台鐵合作賣便當的實例可以得出一個啟示，即使是競爭者也可以攜手合作，共創有錢大家賺的契機，這也是一種雙贏的策略。上班族在職場上亦復如此，相同部門或不同部門的同事，固然有競爭的壓力，尤其是在業務部門，更有業績競爭的壓力，有時不妨拋開本位主義，尋求「合則兩利」的空間，彼此相輔相成，互相拉抬業績，不但是有錢大家賺，也可以凝聚團隊合作的向心力，對企業與個人都是正向的發展。

《聖經》上說：「只要存心謙卑，各人看別人比自己強。各人不要單顧自己的事、也要顧別人的事。」這就是一種與人合作的心態，也是創造「合則兩利」的基礎。

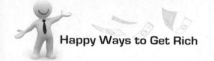

38 有服務斯有財

> 財富緊跟著服務而來，有好的服務，就有源源不絕的顧客、業績及營收表現，結果就帶來金錢財富。服務愈好，服務項目愈多，服務的人群愈多，金錢收入也就愈多。

在服務業大行其道之際，企業已愈來愈重視顧客服務，服務的觀念已逐漸深植各行各業的從業人員心中。沒有顧客服務，就沒有訂單；沒有顧客服務，就沒有生意；沒有顧客服務，就沒有營收。這種顧客服務至上、「以客為尊」的觀念，已是現代企業及銷售人員生存之道的黃金定律。

美國最會賣房子的房地產銷售天王湯姆‧霍金斯（Tom Hopkins），一年賣出三百六十五棟房子，等於一天賣出一棟房子，刷新全美房地產銷售紀錄；短短五年期間，由只有158美元的窮小子，搖身一變成為年收入超過百萬美元的富豪。現在他是美國身價最高的銷售教練，也是全球最會打造業務冠軍的金牌講師，2010年八月專程來台灣演講，為頂尖業務王現身說法，現場可說是座無虛席。

霍金斯在回答如何在銷售事業成功的問題時，每次都會強

調，銷售人員一定要有強烈服務他人需求的渴望。他在對學生講授銷售技巧時，總是會提到Service（服務）這個字，他告訴學生要把美元符號$，替換Service前面的第一個字母「S」，成為「$ervice」。亦即開始銷售前最先想到的就是服務，因為服務好自然就能獲取金錢，也就是說服務與金錢報酬是成正比的。

😊 好的服務帶來金錢財富

霍金斯說，多數人選擇成為業務員，是為了賺大錢，然而，財富是緊跟著服務之後而來，有好的服務，就有業績表現，結果就帶來金錢財富。一項買賣的成交，是業務員虔敬地希望服務及協助客戶，做出對客戶有益處的事。

美國學者卡佛（George Washington）曾對銷售人員說：「一個人穿什麼衣服、開什麼車，甚至帳戶裡的錢，都不能教他成功，唯有服務才是成功的基礎。」可見，服務才是銷售成功的關鍵所在。因為多半消費者在購買一項產品時，除了買產品本身外，也在買對企業或業務員的信任、熱忱、親切及售後服務。有好的服務，相對提升產品的附加價值，自然有助於產品的銷售。

近年來，便利超商如雨後春筍般地深入大街小巷，所提供的服務項目愈來愈多，可謂包羅萬象，除了供應日用品百貨、賣便當、賣書報雜誌、賣咖啡、賣麵包、賣演唱會門票外，提供傳真、影印、列印服務，還代收停車費、銀行信用卡帳單、

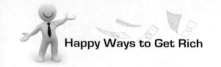

水電費、學費及代寄包裹、各地名產訂購等等，讓消費者真正感受到便利超商的超級便利性，生活中不能沒有便利超商。便利超商也因為服務項目愈多、服務的對象愈多、服務的人群愈多，營業額也跟著水漲船高。

☺ 服務愈多獲利愈多

由上可以歸納出，服務愈好，服務項目愈多，服務的人群愈多，金錢收入愈多。「有服務斯有財」，確實是企業或銷售人員（當然包括業務員）應信守的黃金定律，也是各行各業邁向成功顛撲不破的至理。

全球華人競爭力基金會董事長石滋宜表示，二十一世紀是服務的世紀，因為顧客對服務的要求會愈來愈高，企業或銷售人員必須不斷強化服務顧客的能力以資因應，其關鍵不在於系統與設備，而是人心，就是企業或銷售人員所提供的服務是否令顧客感受到用心與貼心？是否能令顧客感動在心？

顧客對服務的要求是無止盡地，因為企業所服務的對象是人，但人是活的、多變的，如何去滿足不同顧客的需求，考驗一個企業能否產生全方位顧客服務的效力與應變力；因此，企業要孕育出每一位員工都要有服務顧客的觀念與素質，才能建立起讓顧客百分之百滿意的服務品質（Service quality）。當然，這種能讓顧客感到服務滿意的企業或銷售人員，不是門庭若市、生意興隆，就是日進斗金、財源廣進。

☺ 人生以服務為目的

　　《聖經》上記載降世為人的耶穌基督，來到世界上為了拯救罪人，在傳天國的福音時，也不忘強調「服務」的觀念，耶穌曾說：「我來不是要受人的服事（服務），乃是要服事（服務）人。」（太20：28）而且是去服務那些貧窮的、瞎眼的、瘸腿的、殘廢的及孤兒寡婦等弱勢族群；甚至耶穌曾彎腰屈身為門徒洗腳，立下老師為學生服務的身教典範。國父孫中山先生說：「人生以服務為目的」，多少受到耶穌以「服務人」為念的信仰啟發。

　　固然耶穌的服務人群，是為了拯救失喪的靈魂，不像一般企業或銷售人員為了賺大錢，但耶穌的服務榜樣及為世人流血捨命，卻影響著世世代代、千千萬萬的人心，其價值更勝於億萬錢財，是無法估算的，這也是服務所產生無遠弗屆的效力。

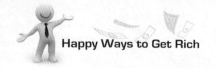

39 顧客服務與消費理財

消費者要懂得聰明消費，把荷包看緊，不要把辛苦的血汗錢拿去貢獻給不懂得尊重顧客的企業或商家，這也是消費理財的重點。「當用則用，當省則省」，或是把錢花在刀口上，以做個忠心又有見識的好管家。

在日常生活中，免不了要消費；在職場工作也難免要為服務單位採購物品，也可算是消費行為。但無論是個人消費或公務支出，都要精打細算，謹守「貨比三家不吃虧」的原則；此外也要找尋信譽好，重視顧客服務的企業商家，以避免吃虧上當，花錢受氣。

因此，消費行為及公務採購，也是一種理財，小則節省個人花費，提升生活品質；大則節省公帑支出，提升公務品質及效率。筆者在進行個人消費及公務支出時，特別重視品質及服務，如果消費或採購的對象，品質欠佳，服務又不好，一定列為「拒絕往來戶」。反之，如果品質佳，服務又好，讓人覺得花這個錢值得，甚至物超所值，自可放心地愉快享受消費，並長期光顧，廣為宣傳。

例如，日前筆者與內人前往礁溪某五星級酒店休閒度假，

該酒店素以「以客為尊」的服務著稱，經實際體驗，果然不是浪得虛名。

住宿首晚，筆者與內人前往該酒店自助餐廳用餐，內人因不習慣吃生冷海鮮，也怕海鮮的腥味，故要求該餐廳主任可否另外烹調一份現蒸的熱蝦？餐廳主任態度非常親切地一口答應，蒸熱了三隻蝦送來，內人嚐了一口，還是覺得有點腥味，立即向餐廳主任反應；沒想到，餐廳主任並未因此而「知難而退」，就此作罷，或找其他理由拒絕，反而當即表示將設法從別的餐廳找鮮蝦取代。

☺ 以客為尊滿足顧客需求

過了十餘分鐘，餐廳主任果然端來一盤熱騰騰又美味可口的清蒸鮮蝦，內人品嚐，鮮甜可口，毫無腥味，大為滿意。事後並來詢問：「剛才新蒸好的蝦，味道還可以嗎？」餐廳主任如此貼心滿足客人的需求，令內人讚不絕口，迄今仍念念不忘！該酒店餐廳主任「以客為尊」的服務及盡力滿足顧客的需求，即是一種五星級專業服務水準的表現，令筆者及內人激賞與感動！想當然耳，日後自然會向親朋好友分享及宣傳，這就是所謂顧客服務所建立的口碑與品牌形象。

五星級飯店當然要提供五星級的服務，才名實相符。因為顧客相對地也付出較昂貴的花費，理應獲得較好的服務。而消費者之所以要選擇五星級飯店住宿或用餐，是因為相信五星級的服務品質及服務保證；如此較高的消費，除了可享受五星

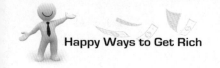

級的服務，甚至有物超所值的感受外，遇有不滿意的品質或服務，通常在五星級飯店比較有保障。

例如前述礁溪某五星級酒店自助餐廳即可接受內人對蝦子所提出的要求，一般飯店的自助餐廳恐怕很難要求「照單全收」。而消費者在用餐時，如果對某一道菜不滿意，在一般餐廳只能逆來順受地抱怨一番，在五星級飯店則大可要求服務生退掉，或更換成別的餐點，以免白花冤枉錢，或花錢受氣。

但並非所有五星級飯店都能做到完全讓顧客滿意的目標，還是要比較一番；也並非所有五星級飯店的服務，都能達到五星級服務的要求，對於服務不優的飯店，消費者就要「貨比三家」，或是將其列為「拒絕往來戶」，以保障自己的消費權益，也避免荷包失血。

筆者與內人某次至台北市信義區某五星級飯店一樓用餐，就有花錢受氣的不愉快體驗。一來到餐廳門口，居然無接待人員迎賓，佇立許久才有服務人員出來，既未笑臉迎人，也未說歡迎光臨；就座後，我們看好菜單，要點菜時，向服務人員詢問一些問題，服務人員面無表情，回答得似乎不耐煩。

我們點了一碗價格不菲的牛肉麵及酥炸類的拼盤，嚐了第一口牛肉麵的牛肉，覺得口感「很柴」，顯然是肉質欠佳，或火候不夠，牛肉尚未燉爛。我們向服務人員反映說：「牛肉很柴！」服務人員聽了一臉茫然，有如雞同鴨講，因為服務人員聽不懂什麼叫做：「牛肉很柴！」只好要求她請主管出面。

主管姍姍來遲，我們告知上情，真是天啊！餐廳主管也

聽不懂：「牛肉很柴！」的意思。只好改口說牛肉尚未燉爛。主管隨後轉身到廚房用一個小碗裝了三塊牛肉送來放在桌上就算了事。按理或按照五星級服務的專業要求，這位主管應該當場表示歉意，接著詢問客人是否要把牛肉麵退掉，改點其他餐點，或是重新烹調一碗牛肉麵？以回應顧客的反應。即使採用請廚房另外裝了三塊牛肉以補償客人的方式，過數分鐘後，也應詢問客人：「剛才送上的牛肉口感如何？是否比較爛一點？」而非不聞不問。

當我們勉為其難地（因為用餐的食物、服務、感覺及氣氛都不對）用完餐，服務人員也沒有前來搭理招呼；按理或按照五星級服務的專業要求，服務人員在客人用完主菜後，應該禮貌性地詢問：「今天的餐點還滿意嗎？是否要加點飲料？」既然無人服務與聞問，我們只好買單走人。如此主管，如此服務人員（是否真是應驗「有什麼主管，就有什麼屬下！」的說法？），如此五星級的服務，真令人不可思議！當然，我們從此將該餐廳列為「拒絕往來戶」，也要昭告天下，使其知所警惕，也知所改進。

消費者花錢消費，理應獲得應有的尊重與服務，而非花錢當冤大頭，或花錢找氣受。尤其是五星級飯店，更應有專業服務的水準表現才是！遇到品質欠佳，服務又不好的飯店、企業或商家，消費者只好學聰明點，把荷包看緊，把錢省下來，何必把辛苦的血汗錢拿去貢獻給這些不懂得尊重顧客的飯店、企業或商家，這也是消費理財的重點。

同理，對於公務的採購及支出，也是一種消費理財，也是要精打細算、錙銖必較，不能因為反正是公司的錢，就大肆揮霍，浪費無度，還是要幫公司或所服務的單位看緊荷包。

☺ 比價格比品質比服務

例如採購商品，也是要貨比三家，選擇品質好、服務好的對象，長期合作，以節省公帑。例如公司舉辦員工旅遊，當然要多找幾家旅行社比價、比品質及比服務，再從其中找出一家信用可靠、價格公道、服務優質的旅行社，好讓這次員工旅遊一路平安、風順，乘興而去，盡興而歸，皆大歡喜！

如果找了一個很差勁的旅行社，旅遊品質及服務均差，沿路狀況不斷，甚至危機四伏，處處有驚險，最後還要花錢消災，賠了夫人又折兵，賠了金錢又掃興受氣，除了大喊「真是倒楣」外，只有徒呼「但是又何奈」！

筆者有次想為所服務的公司刊登一些徵人廣告及公益廣告，因為廣告對象是教會及基督徒，所以去電一家基督教的報紙媒體，最近才更換高階領導階層，心想新人新氣象；筆者對廣告部門主管告知來意，雙方也約定時間見面，初步交換了意見，廣告部門主管也好意表示，將安排與新任社長見面，就廣告刊登及可能合作事項進一步討論（因為最後決定權在社長），並已排定好會面時間。

孰料，在會面前夕，廣告部門主管來電告知，因臨時有董事要找社長開會，故原訂的會面時間必須延後，筆者是客隨主

便，欣然答應；數日後，筆者去電詢問會面洽談廣告情事，居
然得到的答覆是社長最近很忙，所以排不出時間云云，日後即
無下文。

　　沒想到基督教報紙媒體對廣告客戶的服務，竟然是如此
草率、輕忽；社長的架子、姿態如此高不可攀，以及表現出令
人感覺漫不經心的態度，也真令人不可思議及大開眼界！如
果董事臨時有急事，比廣告客戶重要，筆者還可以諒解。但接
連一個月下來都有「急事」、「都在忙碌」，而無暇接見廣告
客戶，且音訊全無。難道別的急事都比廣告客戶重要？或是別
的都是大客戶，筆者是小客戶，而不重要，可不予理會？如此
豈不大小眼？或是勢利眼？如此媒體服務，豈不有違「來者是
客」及「以客為尊」之道，實在令人不解？

　　事後，筆者決定將該筆廣告預算擱置或節省下來，用於其
他媒體或改弦更張，用在其他的廣告宣傳方式，因為這也是消
費者有權決定可以運用的消費理財方式。當採購對象服務不佳
或延誤商機時，自可當機立斷地中止採購計畫，另行找尋其他
合宜的採購對象，以節省公帑支出，或避免公帑無謂的浪費，
並能符合公務要求及提升公務的品質與效率。

　　《聖經》上耶穌說：「你們要馴良像鴿子，靈巧像蛇。」
在消費理財的運用上，的確需要有智慧，要靈巧、機警，隨機
應變，「當用則用，當省則省」，或是把錢花在刀口上，好在
錢財的管理上，做個忠心又有見識的好管家。

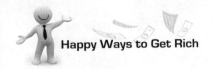

40 企業成功不能沒有U

　　一個成功的企業合作，一定是「先有對方，後有我」，當對方感受到你的誠意與善意，覺得和你合作可以獲利，自然心悅誠服，樂意和你簽約合作，從而創造雙贏的利基，將雙方的利益極大化。

　　「有天我在逛街時，看到一個杯子印著『sccess』，我正納悶這是什麼怪字，翻看杯子另一面印著『You can't spell success without "u"！』（沒有你們不會成功！）」。「感謝金管會同事的支持！」剛卸任金管會主委、升任行政院副院長的陳冲，在金管會舉辦的歡送茶會上，發表了以上一段感性的談話，引起全場熱烈的掌聲回響。

　　就字面解釋而言，success（成功）不能沒有 "u"，就一個政府機關或一位部會首長而言，要能成功推動施政，在工作上成功，就不能沒有 "You"。亦即需要所有同仁的齊心協力，才能眾志成城，達成施政目標。

　　一個企業的成功，亦復如此！需要展現Team work的團隊合作精神，需要每一個「你」（You）的付出、擺上，每一個人在企業中都要扮演一個關鍵的角色，即使是一個微不足道的

螺絲釘，也有其不可或缺的功能！

進而言之，在商場上，企業與企業（B to B）之間的談判、合作，也不能沒有"You"（你）的觀念。傳統的商場談判，總是免不了爾虞我詐，機關算盡，想辦法要佔對方的便宜，求取自己最大的利益，將「人不為己，天誅地滅」的自私自利心態發揮得淋漓盡致。

但新的企業談判與合作模式，則是要有「先有對方，後有我」的觀念，就是要有"You"（你）的想法。《商業周刊》創辦人之一的資深媒體人何飛鵬，以其多年在媒體及商場工作的實戰經驗，就常常在內部及對外四處宣揚「先有對方，後有我」的觀念。

☺ 企業合作要兼顧雙方利益

何飛鵬表示，做生意一定要兼顧雙方利益，單方有利的生意，只會成功一次，不利的一方甚至會有上當的感覺；談合作一定有兩邊，合作成立一定是對雙方都有利。所以要促成生意或合作，一定要洞悉對方的需求與期待，徹底瞭解對方的需求，然後把我方的期待，建立在對方需求的基礎上，才有機會成功。

所謂「合則兩利」，要合作就要求取雙方的利益，而且要先求對方的利益，再求自己的利益；亦即要處處站在對方的立場，事事要考慮對方的利益，要為對方著想，而不能只想到「我」，只想到自身的利益。例如對方有什麼需求，是我可以

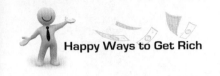

提供服務的，就儘量滿足對方的需求。當你的服務正好可以滿足對方的需求，對方一定會想到要找你所提供的服務，優先和你合作。

何飛鵬也強調，在面對生意、合作及談判時，一定要把雙方的獲利極大化，第一步就是先想到對方，再想到自己；甚至是多為對方著想，少為自己著想。例如在談判前，先寫下對方的三個需求，再寫下一個我方的需求；先解決對方的困難，再想到自己的問題；先站在對方的立場講話，再提出自己的看法與主張。

謀求雙方利益極大化

一個成功的企業合作，一定是「先有對方，後有我」，當對方感受到你的誠意與善意，覺得和你合作可以獲利，自然心悅誠服，樂意和你簽約合作，自可順利完成一項創造雙贏的交易，將雙方的利益極大化。

早年著名的上海富商杜月笙曾說：「上半夜想自己，下半夜想別人。」現在則要改為：「上半夜先想別人，下半夜再想自己。」《聖經》上也強調：「不要單顧自己的事，也要顧別人的事。」「無論何人，不要求自己的益處，乃要求別人的益處。」為別人著想，就是為自己著想；成就別人，也就能成就自己。先求別人的益處，自己的益處自然隨之而來。無論是為人處世或商業談判，都應「人同此心，心同此理」。

166

雲端理財

一邊工作一邊享樂，是多數上班族所嚮往的生活，但要維持穩定的工作業績、收入及生活品質，一個宅經濟工作者除了要擁有過人的專業能力外，也要付出相當多的時間與心力。

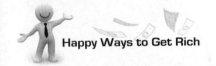

41 雲端運算時代來臨

透過雲端，電腦使用者無異如虎添翼，等於擁有許多超級電腦在處理各種繁雜的資料，解決所有工作需求，不但節省成本，也提升效率。電腦使用者只要把電腦上的資料放到雲端，即可隨時支取所需要的資訊，非常方便、省事又事半功倍。

Google執行長施密特（Eric Schmidt）：「雲端運算引發的潮流將比個人電腦的出現更為龐大！」

Google全球前副總裁李開復：「雲端運算是網路應用的未來趨勢。不論企業規模大小，都可以利用雲端運算平臺，建立全球性的服務。」

趨勢科技董事長張明正：「雲端運算時代已經來臨！」

廣達電腦董事長林百里：「現在談雲端就像幾年前談網路一樣，再不跟上就落伍了！」

😊 雲端運算商機無限

「雲端運算」（cloud computing）到底是什麼玩意？為何突然在資訊科技界成為最夯的討論話題與熱門關鍵字，所有電

腦科技的大老闆人人琅琅上口；在國際間頗具影響力的財經雜誌《經濟學人》（The Economist），2009年11月新出版的一期內容即以「雲端上的戰爭」為題，深入探討雲端運算的趨勢商機與資訊科技界摩拳擦掌的競爭態勢。

根據美林證券估計，未來五年，全球雲端運算市場規模將達到九百五十億美元，占全世界軟體市場的12％。雲端運算已經被視為繼Web 2.0之後，下一波科技產業的重要商機。因此Google、微軟、Amazon、IBM、甲骨文（Oracle）、惠普、戴爾、昇陽（Sun）等各種科技大廠，都已大舉跨入雲端運算領域，搶占先機。至2012年，全球五百大企業有80％以上會使用及提供各式不同的雲端運算服務。

另根據Jupiter Research估計，全球上網人口至2011年將達二十億，意味著雲端運算將影響二十億人口上網的使用機能。顯然，雲端運算的巨大影響力及未來趨勢，從個人到企業皆雨露均霑，也是現代人不能不知道的資訊科技新知。

☺ 透過雲端擁有超級電腦

雲端運算說穿了，其實並不是最新的電腦科技，也不是什麼高深學問，而是電腦與網路資訊取得及運用的一種新概念，現在的e-mail、blog（部落格）、Facebook（臉書）及各種搜尋引擎等網路資訊的使用，就是雲端運算的基礎運用；只不過透過雲端運算的升級，讓網路出現無限可能的空間，只要瀏覽器連上指定網站，就可以盡情地搜尋你所要的資訊，可以立即

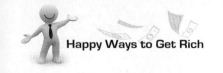
編輯文件，你在公司沒有完成的企劃案或文稿，可以「線上存檔」，然後回到家後，連上網路就可以繼續撰寫。

換言之，只要能連結上網，就可以把所有的資料全部丟到網路（雲端）上處理，所謂的「雲」，就是由許多具有高運算能力的超級電腦所組成的資料中心（data center），進入「雲端」，就是透過網路，即可連接上超級電腦，由它們來處理成千上萬的各種資料。

過去電腦要處理、下載、上傳或儲存資料，電腦的功能要夠強大，記憶體（DRAM）的空間要足夠，需要更快的中央處理器（CPU），要更大的硬碟，電腦要不斷升級更新，所費不貲；但透過雲端，電腦使用者無異如虎添翼，等於擁有許多超級電腦在處理各種繁雜的資料，解決所有工作需求，不但節省成本，也提升效率。

☺ 符合網路虛擬實境之運用

另一方面，現在各種行動裝置快速成長，難以計數的可連網裝置，從電腦、手機一直到汽車、家電、相機甚至GPS（衛星定位導航系統）。電腦使用者只要把電腦上的資料放到網路上，就可以透過以上的連網裝置上網（進入雲端）取得所需要的資訊，不用把同一份資料在不同上網工具中下載、儲存、上傳地轉來轉去，非常方便省事又事半功倍。

雲端運算的概念好像天上的雲彩在虛無縹緲間，但又抬頭可見，觸目可及，完全符合網路虛擬實境的運用，既虛擬又實

際，可以帶給人類許多好處。

這讓筆者想到，基督徒所信仰的天上父上帝，早就是雲端運算的創始者，所有宇宙萬物的運行與四季變化釋放出的訊息，都在祂分秒不差、鉅細靡遺的掌控中；人類可以隨時隨地進入雲端，向上帝（雖然看不到卻真實存在）所創造的大自然支取萬事萬物，供應所需。尤其，《聖經》上說：「你們要將一切憂慮卸給上帝，因祂顧念你們！」所以人們大可把所有的疑難雜症，所有的人生問題，全都交給在雲端的天父上帝處理，相信上帝一定能處理得又快又好，給人滿意的答案！

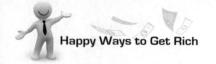

42 微網誌行銷的威力

把Facebook、Web、Twitter、Plurk微網誌社群網站運用在行銷上，團結力量大，網友隨時可以一呼百諾，發揮群體力量。就能產生一傳十，十傳百的的動員能量，使企業創造驚人的獲利效果。

「你今天facebook（Web、 Twitter、plurk）了嗎？」這句話不但是時下最流行的問候語，也是即將蔚為風潮的一種商業趨勢，其中所蘊藏的商機無限，因此如何擴張版圖，搶佔先機，一時之間已成為商家必爭之地。

2010年七月初出刊的台灣《商業周刊》，封面故事以「140字的威力」為主題，深入報導繼e-mail、手機、MSN、Blog後，最強的人脈武器已經出現。該刊形容：「這是《時代》雜誌跟美國《商業周刊》熱門關注的話題。它能把歐巴馬推上總統大位，讓業務員滾出百倍人脈，讓新創業者三個月就賺錢，讓戴爾跟星巴克等公司趨之若鶩。你，要錯過這個可以把人脈，化為錢脈的大好機會嗎？」

到底這是什麼樣的最強人脈武器？就是社群網站（Social networking service）連結微網誌（Micro-blogging）的全新人

脈平台。也就是把網際網路和人際關係網路兩者，有效連結成為一個綿密的社會性網際網路網站。

社群網站是一群相同背景和興趣的人，為了交流來往，在網路上成立的社群，網友利用Facebook、MySpace或Linkedin作為彼此連繫的工具，可以留言、意見交流、參與討論群組及分享轉貼影音圖檔等，增進相互的了解，讓網友間產生緊密的互動。

微網誌則包括Facebook（臉書）、Twitter（推特）、Plurk（噗浪）、Web、Buboo等網站工具，內容都是簡短的訊息，通常英文限制在140字內，中文限制在70字內，由於字數少，極適合透過手機傳輸到朋友的簡訊和電子信箱中，更增添其快速、機動的傳播影響力。

現在多數網友較常使用的網路社群工具主要以Facebook、Twitter（推特）、Plurk（噗浪）三者，而且可交互運用，隨時隨地可以和一群志同道合的人分享最新資訊，以顯示「我們是同一國的」！

由於團結力量大，網友隨時可以一呼百諾，發揮群體力量。因此把Facebook、Web、Twitter、Plurk微網誌社群網站運用在行銷上，就能產生一傳十，十傳百的的動員能量，效果是非常驚人的。

這個新人脈平台運用在商場上，能夠巧妙凝聚人氣，開拓出無限商機。例如南山人壽業務員王佳祺原來只是一個菜鳥業務員，靠著上Facebook、Plurk、Twitter微網誌社群網站，每

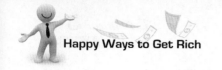

天與網友聊天，開發出許多陌生客戶，現在已擁有兩千位粉絲網友的潛在客戶，向百萬年薪邁進。

小本創業的果子咖啡店運用Plurk連結網友的口碑宣傳，用說故事的方式來銷售產品，吸引消費者，竟然產生意想不到的群聚威力，開店三個月即損益平衡，半年後營收成長130%。

現在許多餐飲業也警覺到網路行銷力量大的商機，開始全體總動員往Facebook、Plurk、Twitter上開發客戶，包括晶華、國賓、六福皇宮、欣葉餐廳等五星級飯店及知名餐館，也都相繼投入此一新的微網誌行銷通路。

新竹國賓飯店發動上百名員工加入Facebook，並透過「置入性手法」把飯店最新訊息傳遞出去，因為傳遞速度快，過去發出餐飲優惠往往要一週後才會客滿，但現在兩三天就客滿。

欣葉旗下走年輕路線的蔥花餐廳，在Facebook上刊登廣告，一星期內便增加了上千位粉絲網友，比起發傳單等傳統方式，曝光度高很多。

新開幕的台南遠東飯店也發起百名員工加入Facebook，主動與網友產生互動，達到宣傳效果。美國喜達屋集團在Facebook還設計了一個專屬心理測驗，藉此開發更多隱藏性年輕客層。晶華酒店發起Facebook活動，只要上Facebook搜尋晶華酒店，並加入晶華粉絲團，就可享受餐飲優惠，藉此達到開發新客戶的目的。

面對微網誌行銷時代的來臨，「你今天Facebook（Web、Twitter、Plurk）了嗎？」如果沒有，你就落伍了！

43 宅經濟的工作思維

> 　　一邊工作一邊享樂，是多數上班族所嚮往的生活，但要維持穩定的工作業績、收入及生活品質，一個宅經濟工作者除了要擁有過人的專業能力外，也要付出相當多的時間與心力。

　　「宅經濟」的新興商機與物流通路大行其道，成千上萬的「宅男」、「宅女」所組成的「宅經濟工作者」，在利用創意與網路開創另一種職場生態時，在工作心態上也要有所調適與準備。

　　宅男、宅女來自於日本動畫迷哥迷姊的「御宅族」一詞，指的就是足不出戶，只會在家上網、下載音樂、玩線上遊戲、與網友線上即時通（俗稱MSN）、寫網誌（又稱部落格）者。

　　在2008年金融海嘯肆虐之際，估計全球超過一億人口的失業族群，加上隨後有新流感（H1N1）開始流行，許多人減少出門遠遊或進行戶外消費活動，整天窩在家裡成為標準的宅男、宅女，看電視、看DVD、看漫畫、玩線上遊戲、逛網路購物及拍賣網站，讓以上相關產業在經濟蕭條的不景氣聲中，居然逆勢成長，這些產業引發的商機及現象，也就被稱為「宅經

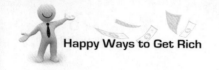

濟」。

　　當然，一邊工作一邊享樂，是多數上班族所嚮往的生活，但要維持穩定的工作業績、收入及生活品質，一個宅經濟工作者除了要擁有過人的專業能力外，則要付出相當多的時間與心力。

　　例如，電子商務領域即是宅經濟的重要一環，客戶會要求經驗豐富、可靠、服務能力持久的資訊業者，為其規劃完整的顧客關係管理（CRM）及物流、金流系統。一般傳統職場多半採朝九晚五的上下班制，很難提供24小時全天候的服務，但客戶對於宅經濟工作者的要求比較高，24小時全天候的服務絕對是不可少的，才能做好售後服務及滿足顧客的要求。

　　「宅經濟工作者」自己就是老闆，也是「校長兼撞鐘」，大小事都要一把抓，但因為無人管、不用朝九晚五地趕上下班打卡，所以工作自律及設定業績目標也很重要，才能維持一定的收入，使宅經濟有「一分耕耘，一分收穫」的收益。

44 宅經濟商機大行其道

宅經濟工作者上班時間比較彈性自由，不用打卡簽到，但要做好自律及時間管理，加上獨到的網頁創意設計及兼顧產品的專業品質，就能在宅經濟的市場競爭中，坐享「人在家中坐，錢從天上來」的成果。

　　在全球經濟不景氣的時候，有一種經濟活動卻異軍突起、逆勢上揚，就是現在正夯的「宅經濟」。宅經濟讓成千上萬的「宅男」、「宅女」，可以足不出戶，利用創意與網路開創另一種職場生態；另一方面，產業為了供應成千上萬的「宅男」、「宅女」的需要，而有「宅配」的新興商機與物流通路大行其道。

☺ 宅經濟開創跨國商機

　　兩者互動交流造就了宅經濟的時代來臨，拉抬了市場不景氣的潛在新動力，許多指標性行業紛紛出頭天，如網路行銷、網路購物（或稱網購）、線上遊戲業、SOHO族、網拍創業、部落客經濟學等等。宅男、宅女總動員，都想在這一波宅經濟的新契機中搶下一片天，宅經濟也就成為新一波的國民經濟運

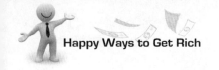
動。

這波宅經濟商機也是跨國界的，許多失業率高的國家，例如美國、中國、歐洲、日本等，均醞釀出龐大的宅經濟活動，因此美國亞馬遜書店、線上購物股價均逆勢抗跌；為因應網路購物所需，網路金融服務也應運而生。透過網路連線，物流、金流及人際關係的跨國網路也就建構起來，形成交易活絡且令人刮目相看的宅經濟。例如，代購網站生意興隆，因為只要在家裡連上網站，就可以買到日本、歐美的商品，有些甚至是台灣看不到的，就算有代理商，透過代購仍然可以省下好幾成。資策會產業情報研究所在今年年初即指出，宅經濟將會成為今年消費性電子市場發展的焦點，也是金融海嘯後的新經濟趨勢。

宅經濟固然由成千上萬的宅男、宅女開創而成，但並不意味這些宅男、宅女都是失業在家的族群，也有許多各行各業的專業人士，選擇告別傳統職場，以宅男、宅女的SOHO族方式投身宅經濟中。因此，室內設計業也連帶沾光，指定要在家中規劃書房與工作室的客戶比例，近一年來即成長了30％。

😃 人在家中坐錢從天上來

獵豹財務長郭恭克即是典型的「專業宅男」，自願請辭離開令人稱羨的某上市公司財務長職務，家中書房成為他的主要工作場所，輕巧可愛的小筆電在渡假時貼身不離。從經營網路財經部落格，出版財經書籍，到成立網路財經資訊公司，這些

都不是過去他在職場所能想像到的。他非常自得其樂於目前這種專業宅男的生活型態：「有哪一個工作可以隨時想到北海岸看海、陽明山看花、靜靜等太陽下山拍夕陽及晚霞，還可以順便寫文章上傳照片，一邊工作一邊享樂呀？」

也有人宅在家裡創業，經營網拍當老闆，除了商品需獨具特色之外，還需要有專業設計的拍賣網站及多媒體網頁設計，才能吸引消費者的目光，有了高人氣的網頁瀏覽率加持，買氣自然就滾滾而來。

所以，宅經濟工作者固然上班時間比較彈性自由，不用打卡簽到，但要做好自律及時間管理，加上獨到的網頁創意設計，以及確保產品的專業品質。能如此，在這一波宅經濟卡位戰的競爭中，就可以坐享「人在家中坐，錢從天上來」的成果，這也是宅經濟的最佳寫照。

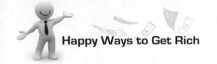
45 宅經濟也是生財之道

> 一時找不到工作的社會新鮮人，或是已失業、待業許久的中年失業族群，不妨動動腦，嘗試涉足宅經濟，在家透過網路賺錢也是一條出路，從網路上找商機，也是另類的生財之道。

失業潮襲捲全球，台灣的就業市場也無法倖免於難。2009年6月畢業的大學生，可謂生不逢時，偏偏遇上失業率高峰，即使景氣已逐漸復甦，卻仍有許多畢業生找無「頭路」。根據1111人力銀行最新調查顯示，有近四成社會新鮮人目前沒有正式工作，包括17.95％曾找到正職工作但目前待業中，21.81％則未曾找到正職工作。而幸運找到工作的新鮮人，平均薪資24,358元，比2008年少了1,368元，但比上不足，比下有餘，總比找不到工作要好。

調查結果並顯示，受訪者投履歷表的次數，以投10封以內佔最大宗為31.69％、其次為11～20封（19.21％）及21～30封（14.67％），投遞100封～300封以上者則佔10.28％。平均來說，為了贏得企業主青睞謀得一職，社會新鮮人平均寄出了44封履歷。

　　然而，即使社會新鮮人積極求職，但得到一份工作仍是不易。五成六的受訪者面試了1～3次、其次為4～6次（24.07％），其餘超過6次以上；平均來說，要得到一份工作至少要面試4次以上。所以要找到工作，還是要發揮鍥而不捨的精神，大量寄發履歷，採「信海戰術」或「散彈槍打鳥」的方式，多少總會有機會找到工作。

　　當然，初期找到的工作大都不盡理想，待遇也不高，但務要「先求有，再求好」，有了工作之後，起碼有一份收入，可以安下心來，並累積工作經驗與資歷，然後再「騎馬找馬」，通常工作應該是愈換愈好。有的人一開始就找到不錯的公司或很理想的工作，從此從一而終，一輩子不用再換工作，那真的是要很慶幸和感恩。

　　如果工作真的不好找，一直處於待業狀態，也不要氣餒喪志，俗謂：「窮則變，變則通」，現在宅經濟當道，在家透過網路賺錢也是一條出路。

　　宅經濟確實可以幫助人坐享「人在家中坐，錢從天上來」的成果，一時找不到工作的社會新鮮人，或是已失業、待業許久的中年失業族群，不妨動動腦，嘗試涉足宅經濟，從網路上找商機，這也是另類的生財之道。

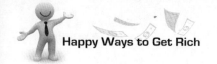

46 創意產業產值驚人

　　創意產業的創新設計，不但符合消費者的需求，解決人們的問題，並且更貼近與感動人心，有效提升人類的生活品質，也豐富了人們的精神生活層面，更創造出無限的財富。

　　在台東縣金峰鄉正興村的偏遠鄉村道路邊，路過的外地遊客猛然抬頭一望，看見一排水泥柱的原住民雕刻，再仔細端詳才發現，水泥柱雕刻的上方是一顆鹿頭張著大嘴巴，嘴巴含著一個燈罩；乍看一下，不免覺得有點突兀，也有點爆笑，但卻創意十足，因為設計者展現將路燈變成「鹿燈」的巧思，令人玩味。

☺ 創意產業有人性的貼心與溫暖

　　在一項科技產品創新發表會上，展出多項別出心裁的創新產品，例如把電腦主機設計成風車造型，原來是硬梆梆的四方鐵盒，變成一個藝術品；電腦鍵盤及電子書的顯示器均設計成薄薄一片的軟墊，不用時，可以捲成一個捲軸，便於收納及攜帶，也別具巧思；另外有一頂可摺疊的安全帽，可放置於隨身

皮包中，攜帶更方便，也不怕被偷。這些創意設計注入冷冰冰的科技產品中，彷彿也多了點人性的貼心與溫暖。

再看之前在台北美術館展出的「皮克斯動畫展」，完整呈現迪士尼王國旗下首席團隊皮克斯動畫工作室的動畫製作過程，令人大開眼界，嘆為觀止。皮克斯成立二十多年來，走在電腦動畫科技尖端，結合藝術、美學與電腦科技，打造出膾炙人口的另類卡通神奇立體世界，代表性作品如：「玩具總動員」、「海底總動員」、「汽車總動員」、「怪獸電力公司」、「超人特攻隊」與「料理鼠王」等精彩3D動畫電影，不但相繼獲得奧斯卡、金球獎、葛萊美等無數獎項的殊榮，且創造出上百億美金票房的驚人產值，可謂是一群創意人創立出一個極具規模的創意產業典型。

未來學大師托夫勒（Alvin Toffler）說：「誰佔領了創意的制高點，誰就能控制全球」，微軟的獨霸全球就是一例。顯然，創意時代已經來臨了，各行各業都要追求不斷創新，求新求變，如果不創新，沒有創意，你就落伍了！各種層出不窮、創新設計的虛擬概念與實物產品，不但符合消費者的需求，解決人們的問題，並且更貼近與感動人心，有效提升人類的生活品質，也豐富了人們的精神生活層面，更創造出無限的財富。由此可見，創意產業與現代人生活關係的密切，創意人的貢獻與生產力更是令人敬佩不已。

現在政府也在大力提倡及推動文化創意產業（簡稱文創產業），其定義為：「源自創意或文化累積，透過智慧財產的形

成與運用，具有創造財富與就業機會潛力，並促進整體生活環境提升的行業。」

😊 創意產業涵蓋層面廣泛

具體言之，文化創意產業的範疇包括：視覺藝術產業、音樂與表演藝術產業、文化展演設施產業、工藝產業、電影產業、廣播電視產業、出版產業、廣告產業、設計產業、數位休閒娛樂產業、設計品牌時尚產業、建築設計產業、創意生活產業等共十三項產業。涵蓋層面極為廣泛，是眾多創意人可大顯身手的領域。

做為一個創意人，就要點子源源不絕，隨時要絞盡腦汁，發明新觀念、新事物。如何使自己更有創意？創意可以自我訓練嗎？趨勢大師也是創意人詹宏志，以個人經驗為基礎，將創意的來源、方法與實踐寫成「創意人：創意思考的自我訓練」一本書。

詹宏志指出，你可以從發明、組合、變形、符號中追查創意的來源；你可以掃除血統主義、直線主義、逆變心理這三種創意的障礙；你更可以掌握十種自己訓練創意能力的方法，包括：訓練自己的觀察力、訓練自己圖像思考、訓練自己對抗習慣、訓練自己重新解釋、訓練自己綜合思考、訓練自己簡化問題，以及訓練自己創造性模仿等。

😊 創意是特質也是習慣

至於如何把創意組織起來發揮作用？如何把創意販賣出去？詹宏志表示，創意人需要有企劃力，並且要和工作身分結合，才能呈現出價值。創意人，是特質也是習慣。

當然，一個創意人最重要的是，要有源源不絕的創意智慧、靈感與動力，這就需要過人的智慧與天賦。「創意」由字面來解釋就是「創造主意」，更可以引申為「由創造主所賦予的智慧、思想與意念」，所以創意的根源或來源就是創造主（或稱造物主），因為宇宙萬物，尤其是人的創造，就是空前絕後、最偉大的創意及創意產業，無人可以再超越。

《聖經》上說：「敬畏耶和華是智慧的開端」（耶和華是上帝及造物主的尊稱），可見智慧的根源或開端來自於創造宇宙萬物的造物主，作為一個創意人，自當敬畏上帝，以造物主為師，才有源源不絕、可大可久的創意產業。歷世歷代偉大的藝術家、音樂家如米開朗基羅、貝多芬、韓德爾、巴哈、米勒、梵谷等，都是敬畏上帝，以造物主為師的創意大師，他們在人類文化藝術創作上的貢獻，不僅令人敬佩，也是所有創意人效法的典範！

CHAPTER

06

理財力 UP！UP！

每一個人都可以，也需要為自己打造一個「人生銀行」，
做好理財及生涯規劃，積極努力賺錢、存錢，早日達到財
富自由的目標。

HAPPY WAYS TO GET RICH

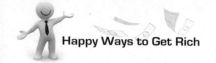
47 培養「理財力」，遠離貧窮

> 理財是一輩子的事，人生的每一階段都需要具備不同的理財力，針對不同需求做不同的理財規劃。培養理財力可以有效提升整體的國民所得，促使社會達到均富的理想。

「人不理財，財不理人」，一個人理財的能力，簡稱為「理財力」，攸關人一生的財富走向！尤其現在是M型社會，貧富差距愈來愈大，你要過富有的生活，還是過貧窮的生活？就靠理財力決定。一個上班族或是一般人（包括家庭主婦、學生及退休老人），如果能好好理財，或是很會理財，擁有過人的理財力，這輩子不但可以遠離貧窮，而且可以順理成章地成為富有之人。

😊 培養管理財富的能力

理財力可以簡單地說是管理財富的能力，再進一步延伸，具體的範圍包括理財的正確觀念、賺錢的能力、財富分配的能力、投資理財的能力及個人金錢價值觀等。

有關理財的觀念，愈早培養愈好。例如有些父母在孩子

還年幼懵懂時，就讓孩子開始有金錢數字的觀念，告訴孩子要吃什麼東西、要買什麼玩具，要用錢去買；爸爸、媽媽要辛苦上班工作，才能賺錢，有了錢才能買吃的東西和買玩具。在孩子上小學後，有的父母會開始給孩子一點零用錢花用，這時父母就可以教孩子認識鈔票、錢幣的幣值種類，買東西時如何使用，如果拿十元去買五元的東西，就要找回五元。

孩子開始使用金錢後，又要開始教孩子妥善保管金錢，當用則用，不能隨便花用，浪費金錢，因為父母賺錢不易。這時有的父母也會為孩子在銀行或郵局開立專屬戶頭，把孩子的壓歲錢和用剩餘的零用錢存起來，開始培養孩子儲蓄的觀念。也有的父母會教孩子每天記帳，把每一筆支出紀錄下來等等。透過父母點點滴滴的言教身教，孩子在耳濡目染中，就大致已有初步的用錢和理財觀念。

除了父母的家庭理財教育外，學校在理財觀念的教育宣導上，也不能偏廢，而且也是愈早教愈好。前任教育部長、現任行政院政務委員曾志朗即認為，在知識經濟的社會中，擁有知識的人比較容易擁有高財富。但是過去的教育體系並沒有納入財金智慧這個領域，以至於每個人在理財方面都得從空白開始自我摸索學習，如果可以將正確的理財觀念納入正規教育體系，讓小孩及早接觸財經知識，或許就能避免貧窮的遺傳與擴散。

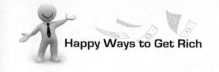

😊 理財是一輩子的事

曾志朗的主張，是有其必要的，因為每個人一輩子都要接觸及使用金錢，真正賺錢的時間，則大概集中在二十至六十歲之間。換言之，一個人一生使用金錢的時間要多於賺錢的時間，如何在有限的賺錢時間內累積財富，以供應沒有收入時的生活所需，這就要靠有效的理財，正確地使用金錢，做到金融界的宣傳口號：「謹慎理財，信用無價」的地步，才能在退休後的老年生活無後顧之憂。

所以有關理財的觀念、理論及實務，不是大學讀財經、金融科系的人才需要學習，而是每一個人都需要學習，而且從小學，甚至從幼稚園開始，就要開始循序漸進地逐步培養建立，一直到大學畢業、步入社會成為上班族、到結婚成家、養兒育女，再到最後的老年退休規劃，都需要謹慎理財。所以理財是一輩子的事，人生的每一階段都需要具備不同的理財力，針對不同需求做不同的理財規劃。例如最近銀行利率已接近零利率，要如何因應，如何理財？就是一個重要的理財專業課題。

😊 多培養富人，減少窮人

如果家庭及學校在理財觀念的教導上能雙管齊下、相輔相成，幫助每一個人都有理財力，則可以有效提升整體的國民所得，為社會多培養一些富人，減少一些窮人，促使社會達到均富的理想。

　　作為一個上班族，更需要增進理財力，一方面增加收入，累積財富，另一方面也可以身作則，在使用金錢及理財投資上，為孩子樹立良好典範，以建立富有幸福的家庭。尤其在金融海嘯襲捲全球、經濟不景氣、裁員減薪及失業潮，一波未平、一波又起的衝擊下，許多家庭財富縮水，收入銳減；此時，無論是上班族或是一般人（包括家庭主婦、學生及退休老人），更要做好理財的功課，讓自己的經濟獨立，不虞匱乏，甚至可以過著富有的生活。

　　《聖經》箴言說：「得智慧、得聰明的，這人便為有福。因為得智慧勝過得銀子，其利益強如精金，比珍珠（或作紅寶石）寶貴；你一切所喜愛的，都不足以比較。他右手有長壽，左手有富貴。他的道是安樂，他的路全是平安。」一個懂得理財或做好理財的上班族，就是一個有智慧、聰明的人，其結果就是擁有長壽、富貴、安樂及平安。這真是一個富有的人生，也是令人羨慕的人生！

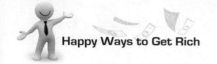

48 要學理財，不要考試

> 把理財列入國中基測考試科目，除了增加學生課業壓力外，實質意義不大；因為，理財牽涉的層面極為廣泛，並非考試成績好，就很會理財。理財能力與考試成績，兩者沒有絕對的關連性。

為因應金融大海嘯及卡債風暴的接連發生，行政院金管會和教育部決定把金融理財知識融入國中教學，自2009年9月開學先在台北市和苗栗縣試辦，2010年（99學年度）全面開始辦理，100學年正式納入教科書教學；而為了引導國中重視理財教學，103學年度的國中基測要增加理財一科。

😊 加考理財徒增學生課業壓力

提早教導國中生培養正確的理財觀念，可謂立意尚佳，也有其必要，只是要把理財內容納入103學年度的國中基測考試科目，則令人商榷。「人不理財，財不理人」，理財很重要，也需要學習，但要考試則大可不必。還是饒了國中孩子吧，課業壓力已經非常繁重，考試科目已經夠多，還要再加考理財一科，不是更折磨這些還在發育中的莘莘學子！

　　固然，考試領導教學，有考試就會引起師生重視教學，但
把理財列入國中基測考試科目，除了增加學生課業壓力外，實
質意義不大；因為，理財牽涉的層面極為廣泛，並非考試成績
好，理財就能高人一等，或是從此就很會理財。理財能力與考
試成績，兩者沒有絕對的關連性。

　　基本上，對於國中生的理財教學內容，主要偏重在一般
理財常識的教導，培養其正確的理財觀，而不是培養專業的理
財專員，故硬要把理財列入基測考試科目，實在是多此一舉。
試看多少理財專員，都是考試高手，經由考試取得多張專業證
照，但這些考試成績高人一等的理專，真的會理財嗎？真的能
幫助客戶做好理財嗎？許多購買所謂連動債的受害者，不都是
聽信理專的花言巧語，而將退休金或平生積蓄大舉投入，結果
血本無歸，真是慘痛的教訓。

☺ 建立正確的人生價值觀

　　無論對國中生或上班族，理財最重要的不是如何致富，
而是如何管理及善用錢財，並建立正確的人生價值觀。然後認
識那些理財工具及合法的投資理財管道，讓錢財發揮最大的價
值。

　　現在許多上班族何以會有沈重的卡債，淪為卡奴？就是
理財不當，誤信發卡銀行的廣告宣傳，「先享受，後付款」，
「輕鬆預借現金，快樂逍遙血拚」；結果花錢很痛快，但面對
銀行追討高額的循環利息及本金，就很痛苦。

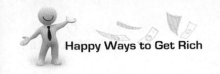
所以，絕對不能有先享受、後付款的想法，反而是要學會先存錢、後享受，理財就已成功一半。

另外就是現代社會充斥扭曲的價值觀作祟及不當的理財思想推波助瀾，一再慫恿人如何一夕致富，如何發大財，致使引發人心的貪婪，貪圖意外之財或不勞而獲，以致沈迷於金錢遊戲的陷阱中，不可自拔；甚至為了想發財而鋌而走險，淪落到「人為財死，鳥為食亡」的悲慘下場。

《聖經》上說：「貪財是萬惡之根，有人貪戀錢財，就被引誘離了真道，用許多愁苦把自己刺透了。」（提摩太前書第六章10節）從許多貪瀆弊案走投無路，到卡債族的身陷困境，都起因於貪財之心，可不慎乎！

所以，國中生或上班族的理財第一課，就先從建立正確的金錢價值觀及培養儲蓄存錢的習慣開始，這只要觀念的導引及付諸行動，經過日積月累的實踐，就可以親身感受及體驗存錢理財的好處，根本不需要考試！在此，不免要對金管會和教育部的決策官員大聲疾呼：「要學理財，不要考試！」

49 掌握趨勢財

> 「流行是短暫的，趨勢才是長久的。」企業界及作生意的商人都知道要掌握趨勢財的道理。面對快速轉變的時代，各行各業都應該未雨綢繆，預作因應，在錯綜複雜、瞬息萬變的局勢中，掌握趨勢發展，以求新求變、創新突破。

你知道嗎？新的科技知識大約每兩年成長一倍，現在正要就讀大學的學生，前兩年學習的知識，在三年級時就全部過時了。換言之，現在在學的學生，畢業後在還未進入職場前，他所裝備的知識、技能，已經落伍了；他可能投入一個目前還不存在的工作職場，必須學習使用根本還沒發明的科技，還要努力設法去解決從未想像過的問題。

😊 掌控未來的轉變與趨勢

在Youtube網站上曾流傳一則名為「Did you know?」的影片，受到台灣網友們的熱烈反應，經過網友間的相互轉寄分享，瀏覽人次已超過一百萬人以上。這種透過網路進行的資訊流通，其散播的速度與影響層面確實驚人，這也是這篇網路文

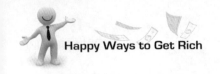

章所強調的一個未來社會即將發生的轉變與趨勢，值得教育界
與職場菁英人士的注意與重視。

　　這篇網路文章的作者是美國科羅拉多州一所公立高中科技
中心的負責人Karl Fisch，他廣泛搜集、整理世界人口、科技發
展、教育資源、企業成長及職場生態等各種統計數據，歸納出
以下幾個重點：

　　• 在中國百萬中取一的菁英，至少有1300個勢均力敵的競
爭者，在印度則有1100個競爭者。

　　• 中國智商排名前四分之一的人，超過北美洲人口的總
和，在印度則是智商排名前28％的人。這些優秀學生的人數，
比世界其他國家的學生人數還多。

　　• 目前是知識十倍速爆炸成長的時代，每個月Google必須
處理27億次的搜尋；每天手機傳輸簡訊的數量，已超越世界人
口總數；美國一年出版新書總數達3000本；今天英文字彙約有
54萬個，是莎士比亞誕生時的五倍；《紐約時報》一週所刊登
的資訊，比十八世紀一個人一生所接觸的資訊還多；全世界一
年製造出1.5×10^{18}（10的18次方）byte的全新資訊，比人類過
去五千年所製造出來的資訊還多。

　　• 現在資訊在2010年時，每72小時就會增加一倍；NEC
和Alcatel剛測試成功的第三代光纖，每條每秒傳輸量是10兆位
元，也就是每秒可傳輸1900張光碟，一億五千萬通電話。這個
傳輸容量，每六個月以三倍的速度在成長。

　　• 新的科技知識大約每兩年成長一倍，現在正要就讀大學

的學生，前兩年學習的知識，在三年級時就全部過時了。所以美國前教育部長Richard Riley認為——2010年最迫切需要的十種工作，在2004年時根本不存在。我們必須教導現在的學生，畢業後投入目前還不存在的工作，使用根本還沒發明的科技，解決我們從未想像過的問題。

• 一根據美國勞工部的統計調查，在工作職場上，有四分之一的人，在目前工作單位不超過一年；有二分之一的人，在目前工作單位不超過五年。

☺ 網路資訊及知識經濟發達

在網路資訊科技及知識經濟發達的時代，傳統的學習與教育系統都面臨最嚴苛的挑戰，在職場上的上班族對企業的忠誠度降低，對科技的依賴度增加，科技的進步又讓不會使用科技的人更加弱勢和絕望。

2006年全世界已賣出四千七百萬台筆記型電腦，科學家預測，2013年製造的超級電腦，將會超過人類大腦的運算能力；到2023年時，現在小學一年級的學生正好23歲，當他們準備進入職場時，售價1000元美金的電腦，就可以超越人類大腦的運算能力；到2049年時，售價1000元美金電腦的運算能力，就會超越人類大腦運算能力的總和。

以上的統計數據及多項重點訊息顯示，在資訊科技及知識十倍速爆炸成長的時代，現在的上班族與大學生（未來的上班族），在職場上都將面臨空前的挑戰，而且其競爭壓力會愈來

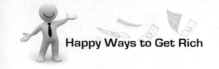

愈大。

　　試想，有十四億人口的中國大陸，其頂尖菁英份子（百萬人中取其一，可謂是菁英中的菁英）在職場上要面臨1300個勢均力敵的競爭者；在人口兩千三百萬人的台灣，頂尖菁英份子在職場上所要面臨的競爭者，豈非要十倍、二十倍於中國大陸的頂尖菁英份子。因為現在的台灣大學生或在職場工作的上班族，其所面對的競爭者，不再只是同校同學、同儕、同台灣地區的人的競爭，還要面對中國大陸、亞洲及世界其他國家菁英份子的競爭，只有在兩岸或國際社會的競爭上出人頭地，個人或企業才有生存發展的空間。

　　而在知識十倍速爆炸成長的時代，如何有效掌握與運用資訊，是非常迫切及重要的課題。一個人如果資訊不足，或成為資訊文盲，將很難具有競爭力，自然無法在職場立足；一個企業如果資訊不足，或成為資訊的弱勢者，其很難在競爭激烈的商場生存，遲早是要被市場所淘汰。

😊 建立「學習型組織」與時俱進

　　尤其是新資訊不斷推陳出新，傳輸的速度及容量不斷加快倍增，新科技知識大約每兩年成長一倍，其意味任何一個人，只要不再學習，不再充實自己，很快就會落伍。大學畢業進入職場的社會新鮮人，如何快速學習，調整心態，迅速進入工作狀況，是非常重要的課題。職場工作多年的老鳥，則要設法把自己歸零，重新學習新知，才能與時俱進。因此現在很多企業

強調建立「學習型組織」的重要性，要求員工要隨時學習、終身學習。

　　由於資訊流通自由、開放又快速，現在上班族選擇工作的機會多，對企業的忠誠度降低，跳槽或挖角風比比皆是；當然，企業與雇主同樣可利用資訊優勢，動輒更換專業經理人，不斷汰舊換新。連帶衍生失業勞工個人權益、智慧財產權保護及防止企業機密外洩等問題，亦已層出不窮的發生。因此，未來勞資關係的互動及新的職場倫理亟待建立。

　　有一句話說：「流行是短暫的，趨勢才是長久的。」企業界及作生意的商人都知道要掌握趨勢財的道理。面對上述快速轉變的時代，為人父母、師長、教育專家、政府決策者、立法委員，乃至個人也都應該未雨綢繆，提早預作因應之道，在錯綜複雜、瞬息萬變的局勢中，務要掌握趨勢發展，並以求新求變、創新突破的精神，扭轉乾坤，化危機為轉機，化轉機為契機，以開創新局。

50 輕食・慢活・軟實力
──M型社會的窮則變，變則通

> 「窮則變，變則通」，「變窮，就是優質管理的開始」。在職場上及生活方式上做一番調整，排出優先順序，知道什麼才是最重要的東西，放棄不必要的事物，可以既節儉，又贏回生活品質。

　　現今世界處於變動不居、瞬息萬變的光景中，尤其是在職場奮鬥打拚的人，在最近幾年特別感受得到苦日子揮之不去，未來的日子似乎也將每況愈下，一切都在不確定的情況中，變幻莫測，沒有什麼是不可能的，明天是否會更好，是許多人心中的疑問。

　　可以預見的是，未來企業透過購併、歇業、倒閉，不斷無預警的裁員減薪，所謂的「鐵飯碗」已經鏽蝕，許多上班族處於朝不保夕的情況，隨時要擔心會被老闆「炒魷魚」或資遣，中年失業人口節節高升；有百分之七十五的上班族，感覺自己處於貧窮狀態；大學畢業生不但工作不好找，就算幸運找到工作，起薪也很低，幾乎和外勞的薪資差不多，實在大不如前。

　　根據行政院主計處發布的最新統計，過去五年，台灣23個

縣市中，高達13個縣市，每家戶的每年可支配所得都呈現向下衰退曲線，例如，雲林縣、澎湖縣分別減少19000元與16000元。台灣民眾的痛苦指數（失業率加上物價指數），創下二十年來的新高，達到6.43。

☺ M型社會貧富差距拉大

而另一方面，最近幾年台北的房價迭創新高，不斷突破十年的高點，尤其所謂的豪宅、超豪宅如雨後春筍般四處聳立，房價動輒在每坪百萬上下；就連一般中等住宅也水漲船高，每坪也要叫價50萬元以上。顯然，豪宅已隱然成風，掀起一股搶購風潮，再貴的豪宅一推出，都搶購一空，顯示台灣有錢的富豪大有人在；而一份「購屋痛苦指數」調查報告卻指出，想要進駐台北市（35坪預售屋），一般薪水族平均需18.4年不吃不喝，不禁要望屋興嘆。台灣的貧富差距愈來愈大，已不言可喻。

日本趨勢專家大前研一即提出「M型社會」已然來到的主張，提醒現代人別以為只要咬牙忍一忍，好日子還會回來，其實一夕之間，你的財富已經大幅縮水，你可能突然從中產階級淪落到「下流社會」而不自知。

所謂的M型社會，指的是在全球化的趨勢下，富者在數位世界中，大賺全世界的錢，財富快速攀升；另一方面，隨著資源重新分配，中產階級因失去競爭力，而淪落到中下階層，整個社會的財富分配，在中間這塊，忽然有了很大的缺口，跟

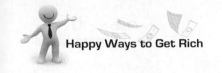

「M」的字型一樣，整個世界分成了三塊，左邊的窮人變多，右邊的富人也變多，但是中間這塊中產階級，忽然陷落下去，然後消失不見。

面對M型社會的來到，現代大部分屬於中產階級的上班族，必須在心理上有所調適，甚至要採取必要的變革因應，所以在職場上，已有人提出簡單、儉約的生活主張，強調凡事不要硬碰硬地一成不變，或只重視有形的物質條件，因此「輕食主義」、「慢活運動」及「軟實力」等論調已逐漸抬頭，蔚然成風。

☺ 生活化繁為簡崇尚自然

所謂「窮則變，變則通」，《窮得有品味》一書的作者亞歷山大（Alexander von Schonburg）即呼應此一說法，他說：「變窮，就是優質管理的開始」。在職場上及生活方式上做一番調整，排出優先順序，知道什麼才是最重要的東西，放棄不必要的事物，如此可以既節儉，又贏回生活品質。

眾所皆知，上班族普遍壓力大，在忙碌的工作中，經常忽略飲食健康及身體的保養，因此全身病痛者，大有人在；「過勞死」者，也時有所聞。因此，強調簡單、健康、少油、少調味的「輕食主義」，頓時成為21世紀最IN的飲食主張。在健康意識抬頭的今日，無論是大老闆、企業主管及一般上班族，愈來愈在乎自己的身體，在飲食上也開始要求健康概念，要吃得夠健康又輕負擔。營養師表示，只要清淡、低熱量，這種少

肉、少油脂、少過度烹調、少熱量，減輕身體負擔的飲食，都可歸類到輕食主義，不需僅侷限於單一食品。

當大家將飲食化繁為簡，講究崇尚自然、追求健康的養生之道時，也就可以去除職場上繁複應酬的飲食文化，減輕緊張壓力，讓身體常保健康，活力常在。當然少吃大魚大肉的山珍海味大餐，不但符合健康原則，也可以減少口袋的負擔，因此，「輕食主義」可謂有百利而無一害，值得大家共襄盛舉，推而廣之。

☺ 重新掌握生活主控權

工商社會中每一個人的生活步調都很快，尤其在強調時間即金錢的十倍速時代，處於職場上的上班族，凡事都要求快快快，一刻不能閒。一旦陷入忙碌的工作漩渦中，人就會像陀螺般漫無目的地轉，甚至失去人生的方向。《慢活》（In Praise of Slow）一書的作者卡爾‧歐諾黑 （Carl Honor）深切感受到多數人像霍威爾斯（William Dean Howells）所說的：「人出生、結婚、生活、死亡，一切顯得如此混亂而急切，彷彿隨時都可能發瘋。」因此他主張「慢活」 運動，呼籲人們把生活步調放慢，以重新掌握生活的主控權。

歐諾黑認為，慢活其實是一種身體和心理隱藏的需求，它並不是將每件事牛步化，也不是遲緩、懶散、慢條斯理、要死不活，而是希望人活在一個更美好而現代化的世界。一言以蔽之：慢活便是平衡的生活——該快則快，能慢則慢，盡量以音

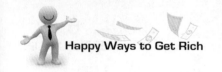

樂家所謂的tempo giusto（正確的速度）生活。不是一味地工作、賺錢，整天只是忙、盲、茫，忙得不知去向，忙得失去健康，失去家庭生活，也沒有了理想、希望。

例如，調整生活的步伐，確定自己的存在意義，清楚自己要什麼，想望心中理想的生活，並努力去實現。像梭羅一樣在湖畔邊蓋一間屬於自己的小木屋，安靜地享受單純的日子。或是設法忙裡偷閒，在忙碌的工作中抽身，放空自己，靜思獨處一段時間；或是在職場上能「慢工出細活」般的工作，盡力但不勉強地表現自己，讓自己可以從容不迫地處於最佳狀態。或將工作、休閒、旅遊、閱讀、靈修生活，儘量融合一起，交互運用，相輔相成。這種思想已逐漸受到許多專業經理人或上班族的重視，並開始身體力行，「慢活」運動於焉成型。

企業或職場的競爭是永無休止的，也是很殘酷的，通常是「適者生存」，或是有實力者稱雄。也就是競爭要靠實力，只是過去主要靠學歷、經歷及專業能力（以上可視為「硬實力」）取勝，現在企業主在找人才時，偏重在學歷以外的條件，諸如語言能力、EQ（情緒管理）、服從性、團隊精神、工作倫理、溝通能力、創造力等（以上可視為「軟實力」）。

☺ 「軟實力」是內在生命特質

「軟實力」（Soft power）、「硬實力」（Hard power）的概念是哈佛大學教授約瑟夫‧奈伊在1990年前率先提出來的，近幾年來廣被各界運用，甚至造成話題。「硬實力」可

謂是有形、看得見的,「軟實力」則大都是無形、看不見的;但往往無形、看不見的,要比有形、看得見的重要,更有影響力。就像史達林曾嘲笑:「羅馬教皇有幾個步兵師?」教徒回答:「梵諦岡統治世界,從不倚靠軍隊。」凸顯獨裁者迷信武力(硬實力)的盲點,卻不知道軟實力才能真正影響人心。耶穌基督的信仰同樣影響全世界,迄今長達兩千多年依然不墜,所依靠的也不是武力統治,而是一種內在生命力量的改變,這也是「軟實力」發揮的極致。

今天在職場競爭的勝負,真正見真章的,不見得是學經歷均優的人,而是具有內在特質,以「軟實力」見長者,擁有不被淘汰的續航力,才是職場上最後的贏家。

危機就是轉機,改變別人(社會),先從改變自己開始。迎接M型社會的挑戰,要成為一位稱職的現代上班族,實在大不易,只有多所調適,開闊心胸,以「輕食」、「慢活」的生活品質重新出發,以培養多種「軟實力」的終身學習態度,不斷充實自己,才能在職場立於不敗之地。

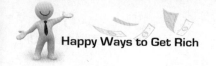
51 打造自己的「人生銀行」

> 每一個人都可以，也需要為自己打造一個「人生銀行」，做好理財及生涯規劃，積極努力賺錢、存錢，早日達到財富自由的目標。

如果自己能開銀行，那該有多好！起碼需要用錢時，不用看人臉色，或要看銀行臉色，四處「求爺爺，告奶奶」地籌錢應急。

銀行最基本的功能就是「存款」與「提款」，有多餘的錢，就存在銀行，有需用或急用時，就向銀行提款。但銀行的戶頭裡要有錢，亦即平時要存錢，急用時才有錢可以提出使用。

😊 養成持之以恆的儲蓄習慣

自己開銀行，自己存錢，自己隨時可以提錢。其第一步就是找一個存錢的容器，也就是「存錢筒」或「撲滿」，然後把錢持之以恆地儲存進去，讓自己日後隨時有錢可用。

記得小時候，父母會拿一個竹子作成的存錢筒給我們小孩，開始培養儲蓄存錢的觀念與習慣；這種竹子做成的存錢

筒，取兩個竹節的一段竹子，長度約有4、50公分，在其中一端
挖出一個扁長的細縫，剛好可以把銅板丟進去。現在的存錢筒
則各式各樣的材質都有，可謂五花八門、琳瑯滿目，最常見的
就是小豬造型的撲滿。

　　有了竹筒的「存錢筒」後，只要有多餘的零用錢，或是過
年領到壓歲錢，就把錢存到竹筒裡。如此日積月累，終於有一
天，竹筒居然存滿了銅板，需要用錢時，例如要繳學費、醫藥
費、畢業旅行團費或貼補家庭急用等，就拿榔頭來，用力把竹
筒敲破，就可以取出一大堆的銅板，以應一時之需。

　　「平時有儲蓄，急時不用愁」，把錢存在「存錢筒」或
「撲滿」裡，存滿了，雖然為數不多，至少可供臨時急需之
用，而不必開口伸手向人借錢，不用看人臉色。這種儲蓄的觀
念和習慣，對一個人一生的影響與幫助都很大。如果一個人從
小就養成儲蓄的習慣，長大後即使不富有，至少也不會貧窮。

☺ 集中銅板、紙鈔積少成多

　　現代人存錢儲蓄，大都把錢放在銀行或郵局，多少可以賺
點利息，現在利息雖然很少，但總比沒有要好。但個人認為，
家中還是有必要準備數個「存錢筒」或「撲滿」，隨時可以把
手邊多餘的銅板或紙鈔集中放置於「存錢筒」或「撲滿」中，
一方面仍保持積少成多的儲蓄習慣，另一方面，也避免銅板散
落四處，因閒置不用或被當垃圾清掉丟棄，殊為可惜！

　　而在家中自己存錢儲蓄，隨時順手把銅板或一、二百元的

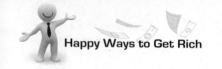
小錢存起來，等於自己「開銀行」，不斷累積金錢，需要用錢時，隨時可以提領使用，豈不非常方便。

在日本，因為長期處於經濟泡沫化的不景氣困境，許多人資產縮水，收入銳減，貧窮一族人口增多，得憂鬱症者也不少，一度社會民心士氣低落，欲振乏力。此時，日本玩具業者TAKARA TOMY發明了一種新式的存錢筒，名稱為「人生銀行」，透過存錢儲蓄的方式用以激勵人心。這個「人生銀行」的存錢筒一推出，立即在市場造成搶購熱潮，第一年就賣出十萬餘個。

「人生銀行」是一個白色正方形的盒子，長寬各約12公分，在正面有一個液晶螢幕，為每一個存錢的人，顯示出積極向上的人生願景。例如在剛開始存錢時，因為金額不多，螢幕顯示出一個三個榻榻米大的狹小房間，房間內非常簡陋，還有蒼蠅飛來飛去，生活條件顯然非常清苦。

😊 趁早儲存養老金

為了改善生活，「人生銀行」的所有人要不斷存錢進去，當錢愈存愈多，螢幕內的房間就變得愈來愈大，當存到10萬日圓（約新台幣3萬4千元）時，達到人生銀行的上限時，螢幕會呈現出一個吊掛水晶燈的豪宅，帶給人一股新希望。「人生銀行」以鼓勵人努力工作賺錢、存錢，開創自己嶄新的人生，成為一項頗具創意而實用的療癒系商品。

其實，每一個人都可以，也需要為自己打造一個「人生銀

行」，尤其在面臨金融大海嘯，許多人遭逢裁員、減薪或投資股票嚴重虧損之際，更需要在財務及生涯規劃上重整旗鼓；除了好好理財，積極努力賺錢、存錢，早日達到財富自由的目標外，也要鼓舞、激勵自己，儘快走出失敗、挫折的困境，以重新開創人生新局。

　　為自己打造「人生銀行」，也是一輩子的事，隨時養成儲蓄的習慣，也趁早儲存自己的養老金，就可以活到老，快樂幸福到老，無憂無慮地終老一生而無遺憾矣！

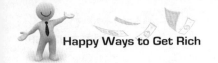

52 善用金錢的決定權

在花錢消費或投資前，千萬記住：「錢是自己的，既然是我出錢，決定權當然在我手上，要由我做最後的決定！」不能把金錢的使用權及決定權交給別人，這也是智慧理財的重要一步。

有一次筆者陪同內人到百貨公司購買服飾，當內人在試穿一件衣服時，店員在一旁不斷鼓起舌燦蓮花地說：「這件衣服穿在小姐身上，非常合身好看，好像量身訂做一樣，非常適合小姐！」內人在試穿另一件衣服時，店員又職業性地開口了：「這件洋裝的花色非常高雅，僅此一件，要買要快，不買可惜了！」接著內人再試穿一件上衣外套時，店員更進一步地開始強迫推銷：「這件外套和剛才那件洋裝非常搭配，穿在小姐身上，真是非常好看，為小姐一起包起來好嗎？」

內人聽了，忍不住對這位店員回話：「到底是妳在買衣服，還是我在買衣服？到底是妳付錢，還是我付錢？如果是妳付錢，就全部幫我包起來！」店員聽了內人的一記回馬槍，當場啞口無言。

一般消費者在購物，尤其是女人在買衣服時，常常禁不起

店員或推銷員一連串舌燦蓮花、天花亂墜或花言巧語地推銷，動輒被店員或推銷員牽著鼻子走，而照單全收，一時衝動就買了許多不必要、不需用的東西，或是花了許多冤枉錢買貴了，而後悔莫及！

☺ 消費決定權在自己手上

因此，在消費購物時，消費者固然不必擺出「花錢的是大爺」的高高在上姿態，但要清楚認知要不要買？要買哪一件衣服？要花多少錢買？決定權都在自己手上，要由自己決定，而不能把決定權交給店員，任由店員宰割，予取予求。

即使是親朋好友、美食達人或購物專家，介紹或推薦什麼產品很好，那家餐廳美食很好吃，或是什麼大賣場或購物頻道的產品物美價廉，都要貨比三家，或進一步查證，而不能把消費購物的決定權交給別人，一味地照單全收。

現在也流行電話行銷及網路購物的消費模式，其中不乏宣傳不實或是詐騙伎倆的手法，使消費者上當受騙。所以消費者不能完全聽信電話行銷人員的一面之詞，而輕易承諾購買；也不能完全相信網路購物的宣傳廣告，而要小心求證，把最後在鍵盤上敲下「確認」下單購買的決定權操之在我，由自己決定。畢竟賺錢不容易，花的是自己的錢，當然要謹慎為之。

在投資理財上亦復如此，2008年暴發的金融海嘯，許多投資人聽信銀行理財專員的說詞，不問青紅皂白地購買了所謂高獲利的連動債，最後不但上當受騙，還血本無歸。事後，許多

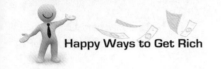

投資人說：「我們就是相信銀行理財專員的說法，還有銀行印刷精美的廣告宣傳DM，所以理財專員叫我們買什麼，我們就買什麼，我們都聽財專的決定，誰知道結果會這樣？」

☺ 學習聰明消費　智慧理財

俗謂：「千金難買早知道」，「不經一事，不長一智」，無論是消費者或是投資人都要學習聰明消費或智慧理財，其中最重要的是，在花錢消費或投資前，除了冷靜思考外，千萬要記住：「錢是自己的，既然是我出錢，決定權當然在我手上，要不要買，要不要投資，都由我做最後的決定！」不能把金錢的使用權及決定權交給別人，包括所謂的理財專家在內，而要掌握在自己手中，這也是智慧理財的重要一步。

對於基督徒而言，金錢財富都是上帝所賞賜，人只是金錢財富的管理人或管家，並沒有完全的使用權及決定權。無論是消費或投資的決定權都在上帝手中，所以在消費或投資前，都要禱告尋求上帝的旨意，明白是否討上帝的喜悅？是否符合上帝的旨意？在尋求上帝的許可、帶領及祈求上帝賜下智慧聰明後，再下決定。如此一來，在消費或投資時，無異更多了一層保障，更能避免金錢遭致無謂的浪費損失或被上當受騙，這也是值得學習的一種智慧理財方式！

53 再有錢也不能浪費

世上所有的資源是屬於全社會的，任何人再有錢也不能浪費，即使是「吃到飽」，也不能浪費。試想每天有多少人因飢荒沒有食物而餓死，生在富裕國度的人，怎能隨便浪費食物呢？珍惜才能擁有，惜福才能讓福氣常在！

　　2009年11月9日才剛盛大舉行柏林圍牆倒塌20周年紀念活動的德國，是個工業化程度很高的國家，Benz、BMW 等高級房車，都是由德國生產製造，德國人的國民平均所得高達 44,460 美元（遠高過我國國民平均所得約18,000元），可謂是個富有先進國家，但德國人卻是一個勤奮節儉、珍惜資源的民族。

　　有一個企業主管前往德國考察，駐地的同事免不了要為他接風洗塵。一群人來到一家中餐館，大夥兒坐定後立即開始點菜，中國人請客吃飯果然講究排場，菜只能多點，而不能少點，結果點了整整一桌菜，幾乎可謂是滿漢全席，好不豐富。大夥兒大快朵頤、酒酣耳熱，賓主均感覺甚是盡興愉快，就在酒足飯飽之餘，桌上還有三分之一的剩菜沒有吃完，也無人有

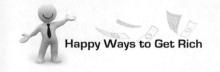
意打包帶走。

待駐地的同事結完帳，大夥兒個個剔著牙，歪歪扭扭地陸續走出餐館大門。才出門沒幾步，餐館裡就有人對著門外在喊叫，大夥兒不知道是怎麼回事，是否誰的東西忘記拿了？大夥兒都好奇，回頭去看看。原來鄰桌幾個德國老太太在和飯店老闆嘰哩呱啦說著什麼，好像是針對那一桌剩菜來的。看到大夥兒圍過來，老太太改說英文，讓大家都能聽懂她的意思，原來她在說那一桌剩的菜太多，太浪費了。當下大夥兒覺得好笑，這老太太實在多管閒事！

一位駐地的同事對德國老太太說：「我們花錢吃飯買單，剩多少，關妳老太太什麼事？」為首的老太太聽了很生氣，立刻掏出手機，撥打了一通電話。一會兒，一名穿制服的人開車來了，稱是社會保障機構的工作人員。問完情況後，這位工作人員居然立刻拿出罰單，開出50馬克的罰款，交給駐地的同事。這下大夥兒才知道事態嚴重，也都不敢吭氣了。駐地的同事只好拿出50馬克，並一再說：「對不起！」

這位工作人員收下罰款後，表情嚴肅地對大夥兒說道：「需要吃多少，就點多少！錢是你自己的，但資源是全社會的，世界上有很多人還缺少資源，你們不能夠也沒有理由浪費！」

大夥兒聽完，不禁臉都紅了，但在心裡卻都非常認同這句話。沒想到在這麼一個富有的國家裡，一般民眾及公務員都有這種珍惜資源的意識，兩相對照之下，讓他們感到慚愧不已！

　　的確，世上所有的資源是屬於全社會的，任何人再有錢也不能浪費，吃飯點菜，吃多少，就點多少！即使是吃自助餐或點「吃到飽」，也不能浪費。試想在非洲的貧窮國家每天有多少人因飢荒沒有食物而活活餓死，生在富裕國度的人，怎能隨便浪費食物呢？

　　同理，現代人要去除有錢就是大爺的心態，切記：「錢是你的，但資源卻是全社會的！」不能因為有錢就盡情揮霍，過著奢侈浪費的生活。尤其最近各大百貨公司紛紛在舉辦週年慶活動，推出各種折扣優惠，許多上班族及消費者禁不起誘惑，大肆瘋狂「血拚」採購，結果在一時衝動的情況下，往往買了許多多餘或用不著的東西，這就是浪費金錢及寶貴資源。

　　現代人身在福中要知福、惜福，對於金錢的使用要學會如何理財，精打細算，養成量入為出、開源節流的習慣；對於凡百物資的使用，也要有「當用則用，當省則省」的認知，用多少拿多少，勤儉節約，珍惜資源，才能持盈保泰，常保富裕生活，也才能善盡愛護地球、減少環境污染的世界公民責任。

　　《聖經》上說：「有衣有食，就當知足！」除了知足，還要感恩，更要珍惜！珍惜才能擁有，惜福才能讓福氣常在！在歡度新年佳節時，更要如此！

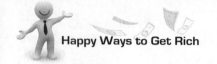

54 食材不浪費，惜物又省錢

節儉、惜物是美德，也是理財的必要之舉。廚師能節省食材成本的支出，就能增加餐廳的營收；家庭主婦（夫）如果能節省每日菜錢的支出，就能減少開銷，對家庭經濟也不無小補。

「精準算好所需的食材，是廚師表現專業的方式之一。浪費食材，太不道德。」這是名主廚鄭衍基（阿基師）日前在台灣美食展「國內廚藝競賽北區會前賽」擔任評審時，對參賽作品講評時有感而發作以上的表示。

其實，無論是廚師或廚藝參賽者，在烹飪過程中浪費食材，不但不專業、不道德，而且增加食材成本的支出。換言之，不浪費食材，不僅是專業的表現，且是惜物又省錢的必要之舉。

阿基師說，在比賽過程中，他無意間在廚房瞄到廚餘桶，發現裡面竟有只使用五分之一的雞胸肉，還有花枝漿、蝦漿等。明明只需做六人份的菜，但丟掉的食材卻足夠做十幾人份，「實在太浪費」。他甚至要求主辦單位查出是誰丟的，查出來之後，即使是得第一名，他都會建議主辦單位取消得獎資

格。

身為環保署義工的阿基師認為，現在大家都在主張要節能減碳、救地球。但廚藝比賽的參賽者，只為追求一時的完美表現，扔掉大多數可食用的食物，實在讓人於心不忍！

阿基師果然是有感而發、苦口婆心，擔任廚師或廚藝參賽者，除了要講究烹飪廚藝外，也要考慮惜物環保、節能減碳等問題；最重要的是要能控制food costs（食材成本）。如果開餐廳，廚師能節省食材成本的支出，就能增加餐廳的營收；同樣的，家庭主婦（夫）如果能節省每日菜錢的支出，就能減少開銷，對家庭經濟也不無小補。

從專業的角度來看，廚師如果不能好好管控食材成本，就不能算是一個好廚師。多次出國擔任廚藝評審的阿基師表示，就算是米其林大廚，也要精算食材成本，不能浪費。

節儉、惜物是美德，也是理財的必要之舉。何況食材成本太高，不是老闆獲利降低，就是轉嫁給消費者，最後吃虧的是消費者。身為廚師者，為老闆節省食材成本支出，是專業及敬業的表現；你我都是消費者，都免不了會上餐廳用餐，也要重視不浪費食材、控制食材成本的問題，以免讓荷包失血。

《聖經》上說：「凡事都可行，但不都有益處；凡事都可行，但不都造就人。」不浪費食材、控制食材成本，就是做對地球環保有益處，也是可以造就人的事。舉手之勞，何樂而不為呢！

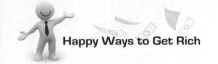

55 經濟學家的省錢之道

> 　　節儉省錢並不是壞事，反而是一種美德。但如果省錢省到成為小氣鬼，對於捐款作善事一毛不拔，只是獨善其身，則不論是有錢的富豪或有學問的經濟學家，皆是「為富不仁」或「為學不仁」，也就不值得受人尊敬了。

　　根據媒體報導，「美國經濟學會」（American Economic Association，AEA）年會於2010年初在亞特蘭大市舉行，經濟學家們選擇這個東南部大城開年會自是經過一番精打細算，選擇的標準只有一個：食衣住行要經濟實惠，能省則省。這些鼎鼎大名的經濟學家，似乎有一個共同的特色，即大都是小氣鬼，捨不得花錢。

☺ 經濟學家臭味相投

　　媒體記者對這些AEA袞袞諸公的小氣作為，也毫不客氣地為文諷刺一番，指稱這些經濟學家是臭味相投、有志一同，並不孤單，因為名聲最響亮的經濟學家，大都是有名的吝嗇鬼。是否就因為擅於精打細算，所以才能成為經濟學家；因為鑽研

經濟學，凡事講究經濟效益原則，所以愈是節省開支。

英國文壇才女吳爾芙（Virginia Woolf）曾抱怨大師凱因斯（John M. Keynes）的晚宴過於簡單寒酸，害賓客皆餓肚子回家。已故諾貝爾獎得主傅利曼（Milton Friedman）常採「對方付費」方式，回覆記者的來電。

經濟學家的下一代，則對省錢達人父母的行徑見怪不怪。蘿倫・韋伯（Lauren Weber）在新書《摳門至上》（In Cheap We Trust）中說，她的經濟學家父親不開暖氣，母親揚言要去住汽車旅館，父親才投降同意，因為外宿的費用比開暖氣更貴。

經濟學家卡斯瑞爾（Paul Kasriel）的女兒形容，老爸喜歡穿便宜的雜牌鞋，舊車儀表板的「檢查引擎」燈壞了，還用膠帶蓋起來。西北大學經濟學家戈登（Robert Gordon）為了省五塊美金，寧願多花半小時去較遠的超市購物。

😊 貪小便宜一毛不拔

華盛頓大學的研究發現，主修經濟的學生，跟其他科系相比，較捨不得捐款做公益。而其他科系的學子在修習經濟學入門課後，捐贈比例也隨之下降。康乃爾大學經濟學家法蘭克（Robert Frank）調查同儕捐款也發現，有近一成一毛不拔，比例是其他領域學者的兩倍。

華盛頓大學經濟學家包曼（Yoram Bauman）有一次在AEA年會席間表演單人脫口秀，大開同行的玩笑說：「如果你

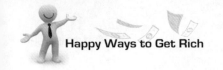

不肯賣小孩,而原因是你認為他們以後會更值錢,那你一定是個經濟學家。」

經濟學家也深諳貪小便宜之道,但賓州大學華頓商學院經濟學家史蒂文森女士(Betsey Stevenson)則為同行打抱不平,她說「:經濟學家非摳門一族,只是擔心損失經濟效益。」

經濟學家對時間的評估標準也異於常人,能花錢搞定的小事,多半假他人之手,以免浪費時間。AEA新任會長霍爾(Robert Hall)把時間看得很重,甚至想找人修剪耶誕樹,但遭到同樣是經濟學家的老婆強烈反對。

閱讀以上經濟學家千方百計設法省錢的事蹟,讓筆者想起,這些經濟學家就像多數有錢人一樣,愈是有錢,愈是小氣;或許就是因為小氣,捨不得花錢,所以才能成為有錢人。反之,愈是沒有錢的人,反而「窮大方」,一擲千金,揮霍無度,所以總是貧窮一輩子。

☺ 當用則用,當省則省

其實,節約省錢並不是壞事,反而是一種美德。不過還是要謹守「當用則用,當省則省」的原則,過猶不及,皆不足可取。如果省錢省到成為吝嗇蟲、小氣鬼,對於捐款作善事,也一毛不拔,只是獨善其身,則不論是有錢的富豪或有學問的經濟學家,皆是「為富不仁」或「為學不仁」,也就不值得人的尊敬了。

《聖經箴言》一書有好幾處經文教導人要憐憫貧窮、幫補

缺乏的人，要好施捨、慷慨行善，對於吝嗇的人，真是如雷灌耳的提醒。這些經文如下：

「有施散的，卻更增添；有吝惜過度的，反致窮乏。」

（箴言11：24）

「好施捨的，必得豐裕；滋潤人的，必得滋潤。」

（箴言11：25）

「 你手若有行善的力量，不可推辭，就當向那應得的人施行。」

（箴言3：27）

「因為憐憫貧窮的，就是借給耶和華；他的善行，耶和華必償還。」

（箴言19：17）

56 品格是人生最大的資產

一個擁有崇高品格的人，其在職場可謂具有身價百倍的價值。一個人要在商場或職場上出人頭地，贏得事業，也贏得人的尊重，重視個人的品格操守是必要的，也是致勝的法寶，更是一個人一生所應追求的最大資產。

有一位美國富商，一天不慎把皮包遺失在一家醫院裡，富商焦急萬分，連夜趕去醫院尋找。因為皮包內不僅有10 萬美金，還有一份十分重要、價值上億美金商機的機密文件。

當富商急忙趕到那家醫院時，他一眼就看到，在醫院冷清的走廊角落裡，蹲著一個凍得全身發抖的瘦弱女孩，在她懷中緊緊抱著的正是他遺失的那個皮包。

這個名叫希亞達的女孩，因為媽媽得了重病，所以陪伴媽媽來醫院治病，母女倆家境非常貧窮，兩人相依為命，變賣了所有能賣的東西，湊來的錢僅夠支付一個晚上的醫療費，沒有錢明天就得被趕出醫院。

正為醫藥費煩惱的希亞達，在醫院走廊徘徊，卻一籌莫展，她天真地祈求上帝為她開路，能遇到一個好心人士伸出援

手來挽救她的媽媽。

突然，有一個皮包從樓梯上掉落下來，當時走廊裡只有希亞達一個人，她撿起皮包，急忙飛奔上樓梯，追出門外，只見一輛豪華轎車揚長而去。

希亞達回到病房，當她打開那個皮包時，母女倆都被皮包裡面成捆的鈔票嚇呆了。那一刻，她們心裡明白，有了這些錢就可以治好媽媽的病，但媽媽卻絲毫不為所動，當場要求希亞達回到走廊去，等候遺失皮包的人回來領取。

富商果然找回他的皮包，裡面的10 萬美金及重要文件，一切都原封不動。富商為感謝希亞達讓他的皮包失而復得，特別殷殷垂詢希亞達為何會在醫院，當他了解希亞達母女倆的崇高行為後，深為感動，並盡了最大的努力商請醫生救治希亞達的媽媽，但病重的希亞達媽媽還是不幸宣告不治，拋下了孤苦伶仃的希亞達，富商自然就領養了這個可憐的孤女。

☺ 恪守至高無上的人生準則

日後富商靠著那分重要的機密的文件，果然在商場上無往不利，獲利源源不斷，事業如日中天，成就了一個富可敵國的事業王國。被富商領養的希亞達，讀完大學後就協助富商處理公司事務，雖然富商一直沒有委以重任，但在長期的歷練中，富商經營事業的智慧和經驗潛移默化地影響了她的思想觀念，使她日漸成熟，成了一個可以獨當一面的專業經理人。

在富商晚年臨終之際，留下了這樣的一份遺囑：

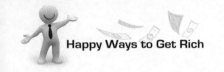
「在我認識希亞達母女之前我就已經很有錢了。

可是當我站在貧病交加卻拾獲巨款而不昧的母女面前時，

我發現她們最富有，因為她們恪守著至高無上的人生準則，這正是我作為商人所最欠缺的。

我的錢幾乎都是爾虞我詐、明爭暗鬥得來的，

是她們使我領悟到人生最大的資產是品格。

我收養希亞達既不為知恩圖報，也不是出於同情，

而是聘請了一個做人的楷模。

有她在我的身邊，生意場上我會時刻銘記，

哪些該做，哪些不該做，什麼錢該賺，什麼錢不該賺。

這就是我後來的事業興旺發達，成為億萬富翁的根本原因。

我死後，我的億萬資產將全部留給希亞達繼承。

這不是饋贈，而是為了我的事業能更加輝煌昌盛。

我深信，我聰明的兒子能夠理解爸爸的用心良苦。」

富商在國外的兒子返家，仔細看完父親的遺囑後，立刻毫不猶豫地在財產繼承協議書上簽了字：

「我同意希亞達繼承父親的全部資產。只請求希亞達能做我的夫人。」

希亞達看完富翁兒子的簽字，略一沉思，也提筆簽了字：

「我願接受先輩留下的全部財產——包括他的兒子。」

以上圓滿的結局，可謂是一則富商成功的傳奇故事，也是另一個幸運灰姑娘的誕生，讀來溫馨感人，不但絲毫不帶點銅

臭味，不矯情作做，且令人回味再三，感觸良多。

商場如戰場，職場亦復如此，正如在商場打滾多年的富商所言，充滿爾虞我詐、明爭暗鬥，所謂無商不奸即是非常露骨的形容。上焉者，精明的商人尚能秉持「君子愛財取之有道」的信念，童叟無欺，將本求利，以專業或本事努力追求財富；次之者，則莫不善用心機算計，鑽法律漏洞，想盡辦法偷工減料或巧取豪奪，把別人的錢財賺進自己的口袋中；等而下之者，則不擇手段，使盡各種欺詐騙術，搜刮擄掠，無所不用其極地把人踩在腳下，佔盡人的便宜，或趕盡殺絕，置人於死地，以成就個人的名利財富。

☺ 品格修養勝過億萬財富

所以當富商遇到希亞達母女倆雖然孑然一身，貧病交加，卻能拾獲巨款，不據為己有，此種異於商場的清新脫俗行為，再對照他自己在商場上也同流合汙的景況，不禁讓他突然良心發現，自慚形穢，認為希亞達母女才是世界上真正富有的人；希亞達母女崇高的品格修養，勝過他的億萬財富。富商因此體認到，一個人的品格才是人生最大的資產，所以與其說他收養了一個孤兒，不如說他意外獲得一個人生的楷模，也是他這一輩子所賺進的最大一筆資產，因此而啟發他的人生思想，也讓他開創人生與事業的新局。

故事中的女主角希亞達，也沒料想到，媽媽從小對她的品格教養，道德的薰陶，有一天居然成為她的一大資產，讓她遇

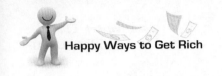
到人生的貴人，也讓她受到富商完全的信任與託付，繼承了一個龐大的事業王國與用之不盡的財富，改變了她的一生。

近年來，許多大企業、大財團在一夕之間崩潰瓦解，負責人遭起訴、通緝或判刑者，大有人在，遠走高飛或流亡海外者，更所在皆有，究其原因，即是這些企業負責人及高階主管的品格有問題，違法亂紀，貪婪徇私，貪得無厭，以致以私害公，拖垮企業，也身敗名裂，咎由自取。

因此，現在許多正派經營的企業，在用人時，即非常注重品德操守，甚至重視品格甚於能力。台積電董事長張忠謀在一場以「新世紀的新人才」為題的演講中即強調，新世紀所需的人才，必須要能重振過去幾十年來已逐漸消逝的舊價值，

其第一個條件就是正直與誠信。這也就是看重一個人的品格勝於一切，雖是老舊的道德價值，卻也是現代企業所不可或缺的。

《聖經》上說：「才德的婦人，其價值遠勝過珍珠。」同理，一個擁有崇高品格的現代上班族或專業經理人，其在職場可謂具有身價百倍的價值。顯然，一個人要在商場或職場上出人頭地，贏得事業，也贏得人的尊重，培養及重視個人的品格操守，是務實與必要的，也是致勝的法寶，更是一個人一生所應追求的最大資產。

57 品德不是用錢堆砌出來的

> 　　欲推動「有品運動」及落實品德教育，必須從在上位者、政治領袖、政府官員及民意代表開始以身作則做起，帶動或端正社會風氣。如果「上樑不正」，花再多的錢也起不了作用。

　　教育部心血來潮宣布要花十二億元推動台灣「有品運動」，立即引來各方的質疑，認為過度浪費，教育部聞言立即決定刪減預算，兩年總經費縮為九億七千多萬元。從教育部的反應看來，往一面想是從善若流，但從另一面追究，則是決策粗糙，否則不必如此朝令夕改。

　　這也是馬政府上任以來，府（總統府）、院（行政院）經常出現的凸槌現象；即一項政策尚未廣徵民意，也未經詳細規劃，沒有周延的配套措施，就率爾宣布推出。結果不是窒礙難行，就是各方批評聲浪不斷，政府部門再急忙更正或改弦易轍一番。何以同樣的錯誤，卻一再重複出現，歷史一再重演？真令人不解！

　　教育部有心推動「有品運動」（包括「品德、品質、品味」），強化品德教育，其立意及出發點是值得肯定的。只是

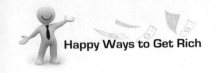

想要用砸大錢的方式為之,則令人不敢苟同,因為品德不是可以用錢買的,也不是可以用錢堆砌出來的。

教育部推動「有品運動」,表示國人的品德日益低落,品性出現問題,的確是如此。但要根本解決,應該是要找到問題根源,對症下藥。而不是以為只要砸大錢,就可一勞永逸。

一言以蔽之,現在社會人心敗壞,作奸犯科者節節上升,犯罪年齡日益降低,品德一敗塗地,主要原因就是過去多年來,在上位者的錯誤示範或自我沉淪,視法律如無物,任意妄為,將整個社會價值破壞殆盡,以致公平正義崩潰瓦解;「上有好者,下必有甚焉者矣」,也就是「上樑不正下樑歪」。因此,政治人物或政客要負最大的責任!

所謂:「風俗之厚薄繫乎一二人心」、「子帥以正,孰敢不正?」所以,欲推動「有品運動」及落實品格教育,必須從在上位者、政治領袖、政府官員及民意代表開始以身作則做起,帶動或端正社會風氣。如果「上樑不正」,花再多的錢也起不了作用。

期望教育部,不要把「有品運動」,變為「花錢運動」!

58 正派經營，誠信立業

> 為人正直者，必言而有信；正派經營的企業，必以
> 誠信立業。行為正直是令人尊敬的，誠信無偽則是無價
> 的，無論對個人和企業都是彌足珍貴的資產。

　　老一輩的生意人是非常重視誠信的，做生意強調「不偷斤
減兩」、「童叟無欺」，今日商場則處處呈現「無商不奸」、
「爾虞我詐」的面貌，所以黑心商品充斥市面，黑心商家所在
多有，黑心商人更是俯拾皆是；而一般企業大都是製作「兩本
帳」，也已是公開的秘密，不足為奇，這些企業老闆為了逃漏
稅，無所不用其極，守法繳稅者，反而是個異數。

　　就因為正派經營、誠信立業及一本帳到底的企業商家，有
如鳳毛麟角、屈指可數，愈是如此，愈是令人覺得正派經營的
企業有如一股清流，難能可貴，也讓人肅然起敬。

　　在2010年的台北國際書展中，有一本新書「往高處行」，
不但在書展成為暢銷書，而且在暢銷書排行榜榮登第二名的佳
績。這本書主要在述說永光集團創辦人陳定川從一位礦工的兒
子，自人生低谷力爭上游，不斷攀越高峰，逐漸邁向高科技跨
國企業集團的艱辛路程。

筆者在閱讀此書時，倒不會被永光公司如何在世界染料界執牛耳、如何成為股票上市公司或陳定川如何成功致富所吸引；而是多次被陳定川在創業過程中，即使處於艱困之境，仍始終堅持基督信仰的原則，以正派經營、誠信立業的精神所感動。

😊 寧可生意不做，絕不帶客戶上酒家

眾所皆知，在商場做生意免不了要應酬邀宴，尤其是面對日本的客戶，不但要竭誠招待，為了討好客戶，順利拿到訂單，還要招待客戶上酒家等聲色場所飲酒作樂。但陳定川在面對日本客戶時，卻堅持寧可生意做不成、訂單拿不到，也不帶日本客戶上酒家。

有一次，大阪染料商來台灣向永光公司購買染料，陳定川特別招待他們到高級的文華酒店餐敘，但日商不感興趣，要求他招待他們到黑美人酒家飲酒作樂，讓陳定川一時之間頗感為難。

「如果不招待我們到酒家，就不買你的貨！」日商還如此出言威脅利誘，但陳定川寧可失去這筆生意，也不願意做上帝不喜悅的事，只好誠懇說明予以婉拒。

日商悻悻然回到日本後，在一次染料業的聚會中，竟直言說道：「台灣有一位永光化學的董事長陳定川做生意，連酒家都不招待！」欲以此話題在席間引為笑談。當時，日本中外化成株式會社的若松正社長也在座，聽到陳定川與眾不同的行事

作風，心想陳定川一定是一位非常正直的人，很欣賞他，不但記住陳定川的名字，還希望有機會能和他見面。

當時，永光化學的生產技術遇到瓶頸，亟需突破，陳定川得知中外化成有先進的技術，正是永光化學所需要的，在一次前往美國出席國際基甸會的年會後，回程特別前往日本拜訪中外化成的若松社長。

若松社長聽說陳定川來訪，自是竭誠歡迎，兩人一見如故，相談甚歡；當下，若松社長聽聞陳定川說明永光化學遭遇生產技術的瓶頸時，立即慷慨說道：「我有Know How，我當Present送給你。」這份珍貴的見面禮，果然協助永光化學技術順利升級，脫胎換骨，把永光化學推升到台灣第一，並躍上國際舞台。而其成功因子卻是來自陳定川做生意，堅持不招待客戶上酒家的意外收穫！

☺ 誠信經營只做一套帳

除此之外，陳定川堅持公司要正派經營、誠信立業，就要不做兩套帳。有一次，永光化學在甄選會計主管時，一位應徵者當面詢問陳定川：「請問公司是做一套帳或是兩套帳？」陳定川語氣堅定地回答：「永光只做一套帳！」原來這位應徵者過去所服務的公司，老闆都要求他要做兩套帳，讓他良心不安，苦不堪言，因此一直在找尋只做一套帳的公司，如今總算如願以償。

在正派經營及誠信立業的道路上，「德不孤，必有鄰。」

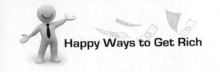

永光不僅吸引許多一流人才加入，也在國內外市場建立起優良品質和正派經營的企業文化形象，只要是永光「Everlight」的產品，即贏得顧客的信賴與肯定；甚至在外國海關，只要是永光「Everlight」的產品及文件，不用多看內容，即直接蓋章，迅速出關。

耶穌說：「你們的話，是，就說是；不是，就說不是。若再多說，就是出於那惡者。」行為正直是令人尊敬的，誠信無偽則是無價的，無論對個人和企業都是彌足珍貴的資產。藉由《往高處行》這本書，讓人相信企業經營不是非爾虞我詐、非造假舞弊不可，而是有一條光明道路可走。

為人正直者，必言而有信；正派經營的企業，必以誠信立業。兩者相輔相成，自有加分的效果。期待所有企業商家都能往高處行、向上提升，以正派經營、誠信立業自許，以徹底杜絕黑心商品，這也是社會大眾及消費者之福！

CHAPTER

07

財管攻心計

投資理財也是一個心理戰，聰明的投資人會克服人性的弱點。在市場下跌、大環境不好時，冷靜以對，處變不驚，持續定期定額投資，並逢低加碼買進，一旦景氣回升，即是獲利最多的人。

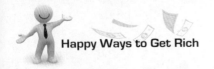

59 零利率時代的理財之道

> 在投資理財上，也要切記「高獲利，高風險」的鐵律。不論是投資、儲蓄、保險、房地產，都要先從本身需求出發來調整各項投資理財的比重，並評估哪種理財商品的投資報酬率較高，進而把風險降到最低。

一場金融海嘯襲捲全球，不但造成財富重新大洗牌，許多有錢人的財產嚴重失血，無論投資股票、基金、房地產，無一不腰斬，或是只剩下三成；不少上班族也遭池魚之殃，除了投資股票、基金虧損累累，荷包大幅縮水外，還要面臨裁員、減薪及無薪假的衝擊，經濟頓時陷入困境，生活壓力倍增。

尤其銀行的利率一再創下新低，目前銀行定存的利息已降到1％左右，一般活儲利息已不到1％，而且低到0.1％，可謂逼近零利率。顯然，錢存在銀行已無利可圖！那麼到底錢要放在哪裡？如何迎接低（零）利率時代的來臨？要如何因應，做好理財規劃？確實是不容忽視的問題。

最壞的時代，也是最好的時代；是危機也是轉機，更是契機。樂觀的人總是正面思考，振作精神，重振旗鼓，重新出發。總比一味地唉聲嘆氣、怨天尤人，或是借酒澆愁、坐困愁

城要好。

現在當務之急就是做好心理準備與心理建設，大環境的不景氣要持續一段時間，難免還要過苦日子，甚至未來的日子可能每況愈下，不像從前有好日子可過。因此，上班族要拋棄過去追求富裕生活、奢華浪費的心態，降低物質慾望，不再過度消費，而要力求儉樸生活，學習過簡單、節制及勤奮的生活，重新找回台灣光復初期老一輩「新速實簡、克勤克儉」的生活典範。

設法開源節流，珍惜現有工作，行有餘力再打工，或設法兼差開闢其他財源，以增加家庭收入；一切開支能省則省，省到就是賺到。

☺ 檢視資產負債做好資產配置

其次，重新檢視家庭資產負債表及做好資產配置。清楚計算出「家庭財富淨值」是多少？也就是家庭「資產」（包括不動產，例如房屋、土地；動產例如現金、珠寶、銀行存款、股票、基金、債券、保單等），減去「負債」（包括房貸、車貸、信用借款、信用卡債等），所得的結果。如果資產大於負債，表示理財有功，可以高枕無憂；如果損益平衡，還算差強人意，稍可欣慰；如果負債大於資產，則是家庭經濟的警訊，表示理財出現缺口，有待儘速還清負債。理財第一要務就是要做到「零負債」，達到「無債一身輕」的地步，其次才是透過有效的理財，逐漸累積財富，遠離貧窮。

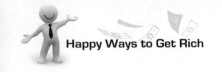

在釐清及掌握家庭資產負債的實際情況後，接著做好資產配置，簡言之就是做好理財規劃，當用則用，但要把錢用在刀口上。例如每月家庭收入分成三等分，

三分之一用於日常生活支出，三分之一用於支付房貸或償還其他債務，其餘三分之一用於儲蓄或投資。當然，各人可依實際需要調整以上的資產配置比重。

為因應前述低（零）利率時代的來臨，在儲蓄或投資理財方面需要特別用心。

如果銀行利率太低，幾無利可圖，把錢放在銀行就不是明智之舉，也不是適宜的理財之道。但錢不放銀行，究竟要放在哪裡？不僅是大問題，也是專業的學問，必須多聽取或請教理財專家的意見，但理財專家的意見也不見得是萬靈丹，僅供參考，而不可盡信。投資人本身還是要自己多做功課，切記「謹慎理財，信用至上」的原則。

😊 切記高獲利高風險

在投資理財上，也要切記「高獲利，高風險」的另一個鐵律。把錢存在銀行，固然利息低，但風險也低，亦即比較有保障。錢放在銀行固然不是智舉，但也不能全部提出，而要保留一部分，以備不時之需。而不論是投資、儲蓄、保險、房地產，都要先從本身需求出發來調整各項投資理財的比重，並評估哪種理財商品的投資報酬率較高，進而把風險降到最低。

在選擇投資理財的商品上，不要一味地選擇熱門商品或聽信理專強力推銷的商品，而要選擇自己了解及需要的商品。

例如投資股票，相對而言是投資報酬率比較高的理財工具，但要做到「低買高賣」，或是「逢低買進，逢高出脫」，則不是一件容易的事。所以，事先要多做功課，了解股市變化及掌握市場趨勢。基本上，投資股票應該是長期投資，切忌炒短線的投機；而且要選擇具有高股息、財務健全、公司經營穩健的績優股，其投資報酬率大都遠高於銀行定存利率。

如果擔心股市波動太大，在選股上比較沒有把握，則可選擇「懶人投資法」，即投資定期定額的基金，每月固定存入一定金額，交由信用好的專業投資公司及經理人去進行投資，比較不傷腦筋；初期可選擇保守型的基金，獲利比較低，但風險較小。有多餘的閒置資金，再投資比較積極型的基金，獲利比較高，但風險也比較大。

😊 錢和資產要活用

現在房價下跌很多，房貸利息也低，如果手邊有一筆比較大的資金（例如新台幣二、三百萬）可以運用，即可作為購屋的自備款，再加上運用銀行的購屋貸款，則可投資於房地產。先從選擇地段好（例如交通便利的捷運沿線、學校文教區、公園綠地及生活機能佳的社區等）的中古屋下手，建議買看得到的成屋，而不要買看不到的預售屋，比較沒有風險與購屋糾紛。買到一間好房子，自住或投資兩相宜，投資報酬率也很可

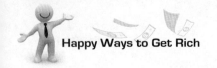

觀。

　　總之，錢和資產要活用，在銀行低（零）利率時代，把錢全部放在銀行不用，錢等於死錢，資產閒置不用，非常可惜。但務必要充分掌握各項投資理財資訊，做到謹慎投資，聰明理財，才是上策！

　　什麼是零利率時代的理財之道？就是錢和資產要活用，要有積極的理財作為，把錢拿去做生意及投資理財，讓資產倍增，才是聰明、忠心又良善的理財者；等而下之者，則至少要把錢存在銀行，生點利息也好，多少盡點理財的責任；最愚笨且是又惡又懶的人，則是把錢埋藏起來，完全沒有理財作為的人。這種人，也注定要一輩子貧窮！

60 克服人性弱點，獲利多

> 投資理財也是一個心理戰，聰明的投資人會克服人性的弱點。在市場下跌、大環境不好時，冷靜以對，處變不驚，持續定期定額投資，並逢低加碼買進，一旦景氣回升，即是獲利最多的人。

投資是理財的一種方式，但投資要獲利才能達到理財的目的。投資要獲利並不容易，所以要學習如何投資理財。在求學階段，曾朗誦過青年守則第十二條：「有恆為成功之本」，應用於投資理財上，則「有恆為獲利之本」，「有恆為致富之本」。亦即投資要獲利，要有恆心耐力，要持之以恆，最後才能開花結果，享受豐收的成果。

投資理財也考驗人性心理，大環境愈是詭譎多變，甚至處於驚濤駭浪的危險處境時，愈要「處變不驚」，冷靜沈著，堅持到底。能夠堅持到底，克服人性的弱點的人，往往是獲利最多的人。

從2008年9月發生全球金融大海嘯後，整個投資理財市場遭受空前的震盪和衝擊，就是一個最真實而具體的實驗，當時投資人在心理上所面臨的煎熬與不安，也是前所未有的；但事

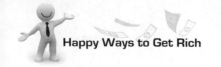

後檢視投資人近一年來的投資行為，果然驗證前述理論確實所言不虛。

德盛安聯在金融海嘯過後約十個月，委託104市調中心，特別針對1243位25至45歲，從2008年金融海嘯發生後手中仍一直持有定期定額基金投資的上班族，進行一項大規模的線上問卷調查。

結果發現：「不停扣、且加碼」的基金投資者，賺錢的比率高達50％；至於維持每月扣款的投資人獲利比率達30.1％；而「停扣」有獲利者僅20.1％。可見當市場下跌時，「不停扣、且加碼」的績效遠比按兵不動或是停扣的投資人優異，是加速獲利的最佳投資方式。

由上可知，投資理財也是一個心理戰，投資人要克服人性的弱點。因為在市場下跌、大環境不好時，一般的股票投資人一定趕快出脫手中持股避難，定期定額投資基金的人，不是立刻停利或停損的贖回，就是按兵不動，繼續扣款，或是停止扣款。但聰明的投資人，則冷靜以對，不慌不忙，處變不驚，不但不停止扣款，而且還要逢低加碼買進，一旦景氣回升，即開始獲利。

德盛安聯投信表示，統計學上有所謂的「肥尾效應」（Fat tail），也就是稀有事件造成的極端行情，並不如一般想像的那麼稀有；過去，股票報酬率分配會依常態分配，但觀察2008年至2009年6月金融海嘯後這段時間，股市發生超漲超跌的機率變高，單日漲跌幅超過3％的機率，遠較1998年至2007年金融海

嘯發生前這段期間提高10倍以上，換句話說，投資人在股市投資上也面臨了肥尾現象。

　　德盛安聯投信業務行銷長段嘉薇表示，沒有人可以精準預測極端行情發生的時點，多數投資人更難克服追高殺低的人性弱點，例如將時間回推至2008年9月，市場在雷曼兄弟宣布破產之後開始大幅震盪，從當時至年底才短短三個月期間，國內定期定額筆數即減少22％；之後，雖然市場開始強勁上揚，國內定期定額筆數仍沒有太大的變化，直到2009年6月，國內定期定額筆數才開始回升，但股市及多數基金已經上漲了一波。

　　換言之，當時許多定期定額基金投資人手中的基金，平均虧損達-30％~-50％，如果選擇持續定期定額扣款，到2009年6月，不但已經回本，而且平均上漲了30％；如果當時逢低加碼買進的話，當然獲利更多。

　　眾所皆知，投資股票或基金要「逢低買進，逢高出脫」，才能確保獲利；但一般人總是一再落入「追高殺低」的陷阱中，難怪無法獲利。這也就是投資人總在指數上漲時積極跟進，但指數迅速回檔時又非理性出場的現象，可見多數投資人很難克服人性的弱點，而一再重蹈覆轍。段嘉薇因此建議投資人，能夠分散進場時點，分攤平均成本的定期定額投資，是投資人因應肥尾效應，不受市場變化而擾亂步伐的方式。

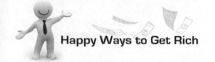

61 力行「目標儲蓄法」

> 「目標儲蓄法」是「收入－儲蓄＝支出」，每月預先設定要儲蓄多少錢，然後固定把薪水收入的一部分先存起來，不要輕易花掉；如此預先將薪水收入的一部分作為儲蓄，積少成多，薪水階級的上班族即可用儲蓄來累積自己的財富。

金融海嘯的衝擊已逐漸消退，經過此次「金融震撼教育」，扭轉許多人的理財觀念，紛紛採取「趨吉避凶」的穩健或偏向保守的理財方式；亦即對於風險性過高的投資理財工具敬而遠之，改為投資可保值或增值性高的房地產，或乾脆把錢存起來，比較心安。因為大家終於體認到賺多少錢不是重點，存了多少錢才更重要！

☺ 每月儲蓄目標近30%

根據萬事達卡國際組織所公佈的一項調查指出，台灣地區有88.6％的受訪民眾認為儲蓄很重要，且有56％的民眾表示未來儲蓄比重將佔總收入的30％以上，居亞太地區之冠；行政院主計處公佈的「98年國民所得統計」資料亦指出，98年國民儲

蓄率預估為27.93％，預測99年國民儲蓄率可提高為29.18％。換言之，以一個月薪5萬元的上班族而言，每月應至少存1萬5千元。一個月薪3萬元的上班族，每月應至少存9千元。

現在理財專家更進一步提倡「目標儲蓄法」，即是上班族只要轉變一下理財觀念，以前是「收入－支出＝儲蓄」，即是每月薪水收入先用於支出，剩餘的部分再存起來，但往往是「月光族」（每月薪水花光光）居多，捉襟見肘，入不敷出，要存錢真是談何容易。

☺ 每月預先設定儲蓄金額

「目標儲蓄法」則是「收入－儲蓄＝支出」，每月預先設定要儲蓄多少錢，然後固定把薪水收入的一部分先存起來，不要輕易花掉；如此預先將薪水收入的一部分作為儲蓄，積少成多，薪水階級的上班族即可用儲蓄來累積自己的資產，在三至五年內有計畫地存到人生的第一桶金（一百萬元），或提早用作退休計畫，或為子女的教育基金預作準備，如此人生較無後顧之憂！

現在有些銀行金融機構針對上班族及理財專家提倡的「目標儲蓄法」，推出存款利率比較優惠（活存利率最高可達1％）的理財帳戶，且採行「活存每日計息，每月付息」的方式。如果平均每月利息所得1％，一年的投資報酬率即可達10％，可謂是不錯的投資報酬。據估算，以月薪5萬元的上班族來說，依以上「目標儲蓄法」的理財規劃，每月儲蓄2萬元，要存到人生第

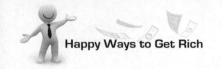

一桶金，只需3.5年就可達成目標。月薪3萬元的上班族，依以上「目標儲蓄法」的理財規劃，每月儲蓄1萬元，則約需6年時間可達成一百萬元的目標。

　　要實行「目標儲蓄法」，就要力行控制支出，減低物質慾望，儘量過簡單或儉樸的生活。因此，月薪 3 萬元的上班族，每月支出要控制在2萬元以內；月薪 5萬元的上班族，每月支出要控制在3萬元以內。如此以儲蓄來累積資產，達到人生的理財目標，不失為一種穩健的理財方式。

62 錢落袋才是財富

投資理財就是要穩紮穩打、步步為營（贏），有多少錢做多少生意（投資），才是正道；能多賺錢當然很好，但要等錢入袋，才是屬於你的財富。

在投資理財上，有許多理財專家各有不同的看法和主張，有的言之成理，自成一家；有的誇大其辭，後果如何完全不負責任，反正騙死人不償命，也就胡說亂講一通。所以，「盡信書不如無書」，同理，「盡信專家之言，不如自己學作專家」。有許多理財專家的主張，只能聽聽參考即可，不能盡信，或照單全收。

☺ 精打細算將本求利

投資理財或做生意，還是有個基本原則，即是精打細算，將本求利，穩紮穩打，尤其會賺錢不是本事，要錢落袋才是財富。這個基本原則，不僅所有的理財專家都會認同，即使不是理財專家，或沒有學過理財的人，也會把握這個原則去理財。

但偏偏有許多人不知是「藝高人膽大」，還是自以為聰明絕頂過人，就是「不信邪」，只要股票一漲，就以為已賺到

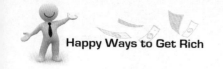

錢,開始大肆消費:只要收到一筆大訂單,就開始盲目擴廠投資;開店只要顧客一客滿,就立即展店,也是盲目擴張。

2008年美國雷曼兄弟之所以引發全球性的金融海嘯,就是信用極度擴張,盲目投資的結果。本來,有100元,只能投資50元,或做50元的生意,卻聽信所謂投資理財專家的說法,去做200元的生意,以為可以大發利市;本來,投資就是只能獲利有限,卻自以為可以獲利好幾倍。結果,往往是你賺他的利息,別人卻吃掉你的本金,到頭來血本無歸,白忙一場。

所謂:「落袋為安」,在投資股票上,股價漲漲跌跌,在股票尚未脫手,股價的漲跌,都只是數字,談不上賺錢或賠錢;就算股票大漲,在股票尚未脫手完成交割,錢未落入口袋前,都只是帳面數字,也就是「紙上財富」,還不是真正屬於你的;除非錢已落入你的口袋,或是進入你的銀行戶頭,才算是真正獲利,那些賺到的錢才是你的。

帳款進入戶頭才算賺到錢

做生意的,收到訂單,還不算已賺到錢;就算已出貨,貨款未入帳,也還不算已賺到錢;一直要到收到貨款,或買方把貨款匯入指定帳戶,才算賺到錢。

《富爸爸,窮爸爸》一書的作者羅勃特‧清崎說:「問題不在你賺多少錢,而在你留下多少錢,且可以留多久。」問題不在你賺多少錢,而在有多少錢進入你的口袋?筆者有一個朋友很會做生意,很會賣東西,但貨送出門後,卻老是收不到貨

款或是不曉得要去催收應收帳款，結果一堆呆帳，生意再好也沒有，因為老是賺不到錢。

　　台塑集團創辦人王永慶甚至進一步主張：「賺到的錢不是你的，存下來的錢才是你的！」賺到錢還不算數，要能把錢存下來才算數。否則，賺得多，花得也多，還是寅吃卯糧，口袋空空。

　　所以，投資理財說穿了也沒什麼了不起的學問，就是要穩紮穩打、步步為營（贏），有多少錢做多少生意（投資），才是正道；能多賺錢當然很好，但是要等錢入袋，再來規劃錢的分配與使用，最好先固定儲蓄一定金額，再來決定如何支出（也就是力行「目標儲蓄法」），才能立於不敗之地！

　　《聖經》上說：「耶和華所賜的福使人富足，並不加上憂慮。」所以要祈求神的賜福，在投資理財或金錢的運用上，每一筆收入都能「落袋為安」，如此一來，你不但能富足，而且能免於憂慮。

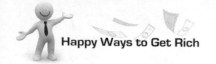

63 貪財是萬惡之根

> 「但那些想要發財的人,就陷在迷惑,落在網羅,和許多無知有害的私慾裡,叫人沉在敗壞和滅亡中。貪財是萬惡之根,有人貪戀錢財,就被引誘離了真道,用許多愁苦把自己刺透了。」(新約《聖經》提摩太前書6章9、10節)

　　2008年引發鋪天蓋地的全球性股災,不只是金融風暴,而是金融大海嘯,從美國次級房貸開始引爆,接著是「二房」危機,擁有158年歷史的雷曼兄弟投資銀行宣告破產;美國國際集團AIG(美國第一大保險集團)出現嚴重財務破口,搖搖欲墜,迫使美國政府緊急撥款搶救;然而救得了AIG,卻救不了病入膏肓、奄奄一息的龐大金融怪獸,儘管美國參眾兩院緊急通過布希政府的八千億美金金融紓困案,以挽救銀行金融體系免於崩潰瓦解,但骨牌效應還是不幸地連動出現,包括美國在內的各國知名銀行接連宣告破產倒閉,股市一片慘跌重挫,哀鴻遍野,一波接一波,襲捲全球,幾乎無一國可以倖免,全身而退。

　　台灣在所謂與國際接軌(或可稱之為「接鬼」,引鬼入

室）的情況下，也遭受波及，股市「跌跌不休」，平均每位股民已損失約二百萬元！即使沒有投資股市或購買所謂連動債（現在有媒體稱之為「垃圾債券」）的人，也難逃池魚之殃，因為幾乎所有上市公司的資產均已腰斬一半，財務緊縮，裁員減薪聲四起，失業潮蠢蠢欲動，找工作更難；民眾口袋縮水，消費力下降，百業將持續蕭條，經濟景氣更是欲振乏力，升斗小民的生活不但不能「馬上好」，苦日子還不知道要過多久才能結束？

☺ 人心貪婪，鬼迷心竅

深入分析以上現象，究其原因，就是人心與貪婪「接軌」，說是「接鬼」更為貼切，因為人心貪財，財（鬼）迷心竅，引鬼上身，所以與魔鬼共舞；有錢能使鬼推磨，鬼也能使人心沈淪失喪，利用錢財迷惑人心，興風作浪。

因此全球金融重鎮的紐約華爾街，一群所謂的金融家、投資理財大師、精算師、股市操盤手等「鬼才」，異想天開地想出了一套「次級房貸」、「連動性債券」、「衍生性金融產品」、「債務抵押債券」、「信用違約交換」等五花八門、掛羊頭賣狗肉的「五鬼搬運金融商品」；這些都是唯利是圖，極度擴張信用的「槓桿操作」、「買空賣空」的金錢豪賭遊戲，結果是玩火自焚，不但葬送自身企業，還拖垮全球金融體系，催毀金融交易市場的信用價值，重創自由經濟制度與市場秩序，更拉了一堆無辜的投資人陪葬。

　　這些巧取豪奪、不擇手段的「金融惡魔」，成了這場金融海嘯的始作俑者，也應驗了前述《聖經》經文所說的：「貪財是萬惡之根．有人貪戀錢財，就被引誘離了真道，用許多愁苦把自己刺透了。」另外，提摩太後書3章1、2節也指出：「你該知道，末世必有危險的日子來到。因為那時人要專顧自己、貪愛錢財、自誇、狂傲、謗讟、違背父母、忘恩負義、心不聖潔……。」此證明，現今末世時代，有許多貪愛錢財、自私自利、心懷不軌的危險惡行將相繼來到，投資大眾及一般民眾對於投資理財及日常金錢的使用，更要謹慎小心，提防買空賣空、爾虞我詐及淪於金錢遊戲的金融騙局。

☺ 謹防黑心金融商品

　　面對全球股災、金融海嘯、金融土石流、經濟大崩壞或1930年代「經濟大蕭條」時代的來臨，許多投資人顯露出滿臉的憂愁和無奈。因為他們投資的錢財，其中許多是一生的積蓄或退休老本，如今一夕之間，血本無歸，甚至傾家蕩產，真是無語問蒼天，情何以堪！即使是年輕的科技新貴，也無法倖免於難，損失慘重，到精神科求診或得憂鬱症者，直線上升。

　　在資訊不對等及不夠公開透明的情況下，許多投資人可以說是盲目地追求財富，銀行理專鼓起如簧之舌，花言巧語地大肆鼓吹、遊說投資人購買「連動債」，還頻頻保證連動債風險低、獲利高，投資人在貪圖高獲利、保本的慫恿、引誘下，動輒投資數十萬或上百萬元購買有條件保本的雷曼兄弟連動債。

　　原來這些連動債，可謂是包著糖衣的「黑心金融商品」，外表是說得天花亂墜的保本固定獲利商品，實際上卻是風險超高，不知連動到何種金融商品的財務黑洞；因為商品極為複雜，所以在歐美市場只銷售給法人機構，而不會銷售給個別投資人。但本地的銀行及理專為了搶業績，賺取手續費，卻罔顧職業道德，向一般投資大眾大量銷售，且一味強調「高獲利、保本」，卻沒有告知投資人是有條件的保本，以及高獲利、高風險的陷阱。

　　事實上，所謂的「連動債」，根本不是債券，而是風險很高的「衍生性金融產品」，也就是信用過度擴張的非正式、不正常的金融商品，完全是一種財務槓桿操作，是典型的投機性金錢遊戲；說穿了，就是假「連動債」之名吸金。如今東窗事發，地雷引爆，投資人自是損失慘重。

　　為了與國際金融接軌，金融市場國際化，政府主管機關，起初不是放任不管，就是睜一隻眼、閉一隻眼地默許銀行銷售此類投機性的高風險商品，甘為「不義之財」護航，接軌，變成「接鬼」，「引鬼入室」；出事後，政府金管會、財政部官員雙手一攤地說：「這是投資風險，投資人要自負！」銀行主管不痛不癢地表示：「連動債是一種投資商品，有漲有跌，銀行是銷售機構，無法針對漲跌負責。」想找理專理論，理專不是避不見面，就是故做無辜狀，或顧左右而言他，完全無人可出面負責任，投資人真是投訴無門，欲哭無淚，只好認賠了事。在輿論及投資人的壓力下，政府才責成金融機構要出面與

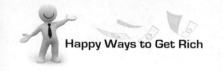
投資人協商，才稍稍彌補部分投資人的損失。

由此可見，什麼投資大師、金融專家及理專，都不可信；百年金融機構、百大銀行，都不可靠；政府不可靠、官員也不可靠，一切風險都要自己承擔。這也證明高獲利、高風險的至理名言，畢竟「天下沒有白吃的午餐」，也沒有高獲利、低風險（或零風險）的金融商品。

😊 做好風險控管，確保財富

所以投資人要記取次次慘痛的教訓，任何投資都要自己慎思、明辨，務必要考慮風險，做好風險控管、分散風險及有效避險，就是把風險降到最低，才能真正確保獲利及保本。唯失去金錢財富，還可以再賺回來，但如果失去身體健康及家庭的幸福和諧，就很難再追回。

期盼投資人以健康、正面、積極及樂觀的心態來面對金融海嘯，要儘快「停損」，無論此次損失多少，都要儘快讓其「落幕」，忘記背後，努力面前的，重新出發。從現在開始，要改變生活形態，力求過著簡單、儉樸、養身及養生的生活；人生的價值觀也要調整提升，不再以金錢掛帥，不以賺錢為依歸，不再以財富多寡論成敗英雄。能如此，也算是失之東隅，收之桑榆，塞翁失馬，焉知非福！

耶穌基督勸勉人不要依靠無定的錢財，而要積財寶在天上：「不要為自己積儹財寶在地上，地上有蟲子咬、能鏽壞、也有賊挖窟窿來偷；只要積儹財寶在天上，天上沒有蟲子咬，

不能鏽壞，也沒有賊挖窟窿來偷。因為你的財寶在那裡、你的心也在那裡。」（太6：19～21）

接著，耶穌又對眾人說：「你們要謹慎自守，免去一切的貪心，因為人的生命不在乎家道豐富。就用比喻對他們說，有一個財主，田產豐盛，自己心裡思想說，我的出產沒有地方收藏，怎麼辦呢？又說，我要這麼辦，要把我的倉房拆了，另蓋更大的，在那裡好收藏我一切的糧食和財物，然後要對我的靈魂說，靈魂哪，你有許多財物積存，可作多年的費用，只管安安逸逸的喫喝快樂罷。神卻對他說，『無知的人哪，今夜必要你的靈魂，你所預備的要歸誰呢？』凡為自己積財，在神面前卻不富足的，也是這樣。」（路12：15～21）

☺ 追求生命豐富勝於財富

耶穌又說：「人若賺得全世界，賠上自己的生命，有甚麼益處呢？」（太16：26）所以人生在世，有比追求財富更重要的事，其中追求生命的豐富，彰顯人生的價值與意義，是最寶貴，也是最值得一生努力的目標。盲目追逐財富，嚮往拜金主義，沈迷金錢遊戲，結果賠上自己寶貴的生命，是得不償失的！

至於如何面對經濟不景氣及苦日子？耶穌說：「所以不要憂慮說，喫甚麼、喝甚麼、穿甚麼。這都是外邦人所求的，你們需用的這一切東西、你們的天父是知道的。你們要先求他的國和他的義，這些東西都要加給你們了。所以不要為明天憂

慮，因為明天自有明天的憂慮，一天的難處一天當就夠了。」
（太6：1～34）儘管把你所需用、所需要的，藉著禱告向上
帝祈求，因為先求上帝的國和祂的義，上帝會把一切你所需要
的，都賜給你。

　　美學大師蔣勳表示：「在經濟大崩壞的時代，心情不要慌
亂、不安定、不要失去希望！一切可以從頭開始，日子還是可
以過的！更要想辦法在困境中找快樂！」這就是一種心境的調
適，想辦法在苦中作樂，是必要也是應該的。

　　金錢財富都是身外之物，「有衣有食，就當知足。」在平
淡、平凡的生活中，依靠賜平安、喜樂與盼望的上帝，度過每
一天，就是最幸福的人。所以一個有信仰和信心的人，在面臨
驚濤駭浪的金融海嘯之時，心裡平靜安穩，因為他可以依靠上
帝的應許、同在與幫助，以喜樂的心面對每一天，心裡堅定地
相信總是可以安然度過人生的困境，行過死蔭幽谷，擁有一個
身、心、靈皆富有的人生！

08

理財實戰

理財既是「省錢」，也是「投資」，利用開源節流的方式，增加財富。理財的定義是：把錢財做最妥善而明智的安排和利用，使錢財產生最高的效率和發揮最大的效用。

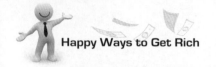

64 股市「致富筆記」

投資股票也是一門學問，想要進入寶山，滿載而歸，就要努力做功課，為自己製作一本投資股市的「賺錢筆記」，建立正確的投資觀念與心法，並切實執行，即可在股市中逐漸累積財富。

行政院宣布調降證交稅，由千分之三降為千分之一‧五，目的在於刺激低迷不振的股市，提升投資大眾買氣，活絡資本市場，以振興經濟。唯此舉是否真能奏效，值得商榷。基本上，投資人買股票，主要是為了投資獲利，不會太在乎證交稅的多寡；如果投資股票能獲利，證交稅千分之三或千分之五，又有何妨。反之，如果投資股票不能獲利，投資人沒有信心買股票，證交稅降為千分之一‧五，甚至取消證交稅，又有何效益呢？

股市如果不振，除了受到整個國際大環境的影響外，國內經濟情勢及政府政策走向，尤其是主政者是否真正掌握到經濟發展的重點，有具體可行的大有為施政作為，端出美味可口的「牛肉」，才是關鍵所在。否則如媒體上某名嘴所言：「走了一個壞蛋，來了一個笨蛋，這樣大家都完蛋！」如果主政者還

是不知民間疾苦、不食人間煙火的話，施政老是慢半拍或政策搖擺不定，用調降證交稅的雕蟲小技或花拳繡腿，恐怕是捨本逐末，不是萬靈丹，還是救不了股市的。

☺ 投資人要冷靜以對伺機而動

所以，投資人還是要冷靜以對，審慎觀察整個經濟情勢發展及大盤走勢，再伺機而動，選擇適當時機及績優個股，穩健進場佈局。千萬不要因為證交稅調降，即一時衝動，貿然下單買股票。

台灣股市自2008年「520」新任總統就任以來，受到美國次級房貸、油價上漲及國內經濟不景氣等因素影響，大盤指數及多數股價均跌跌不休，指數從「520」新政府上任前連續上漲五日，至519當天收盤在9295點；520當天盤中一度上攻到9309的最高點，最後收盤在9068點。

從那天之後，大盤即開始一路下滑，至9月10日收盤在6458點，總計台股自520新政府上台後，加權指數大跌了近3000點，波段跌幅達三成二。尤其自9月一開始的連續五個交易日，台股每天都大跌至少百點以上，統計全週暴跌了738點，一舉跌破10年、20年均線，市值蒸發了一兆八千八百億元，是去年八月以來最慘的一週。

股市投資人經此一股災的衝擊，可謂哀鴻遍野，慘不忍睹，賠錢「住套房」者比比皆是，估計有六成以上股票族慘賠，荷包都大幅縮水。能全身而退、毫髮無傷者，就是那些沒

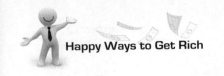

有投資股票的人。沒有賠錢，就是賺錢。筆者慶幸自己在520後未進入股市，得以保住老本，這要感謝上帝的恩典！

但如果懂得「逢低進場」的投資人，在2008年9月10日大盤收盤在6458點時進場投資，至2010年11月17日，大盤收盤在8255點，前後兩年兩個月的時間，大盤上漲了近2000點，投資人只要選對績優股，獲利將極為可觀。

由上可知，股市變化是詭譎多變的，有如坐雲霄飛車及被丟入洗衣機般，上下震盪、上沖下洗、左右搖擺，是非常驚險刺激的，當然風險也是很大的。固然，股票仍是長期投資最好的理財工具，一個聰明的股票長期投資者，極有可能成為財富累積的贏家，但在進入股市，實際買賣股票時，還是要多做功課，多參考專家的意見，以及多培養實戰經驗，才能立於不敗之地。

☺ 投資股票不能隨便買隨便賺

筆者將近幾年來觀察股市變化及過去投資股市的經驗，再研究綜合學者專家的卓見，整理一些筆記資料，歸納幾點投資股票的心法如下：

1. 利用閒錢（多餘且無急用的部分儲蓄）投資，絕對不要借錢或用融資來買股票。

2. 要先設想所投資股票的錢，萬一股票被套牢，也不致影響家計或生計。如果會影響家計或生計，則千萬不要貿然進入股市，以降低或避開風險。

3. 投資人的心臟夠強，能夠承受股市上下震盪的衝擊，而處之泰然。如果心情動輒受股市大盤波動變化影響，甚至無法承受，則最好敬股市而遠之。

4. 如果不知道要買哪一檔股票，則最好暫時不要進場，等搞懂後再下單買股票。

5. 如果投資股票，即沈迷股市中，心中只有股票，以致影響正常生活作息及人際關係的互動，這種人也最好不要碰股票。

6. 不要走短線進出股市投機，以長期投資為原則。

7. 投資股票切記一定要「逢低買進」，在股市（大盤指數）跌至低檔或股價下跌時，進場買股票。切忌人云亦云，或聽信所謂股市分析大師或市場小道消息，而一窩蜂盲目追高。

8. 投資股票不是投機，更不能碰運氣，別想「隨便買，隨便賺」。在決定買股票前，一定要多做功課、勤做筆記或請教專家；並在看電視、看書、雜誌或是和人聊天、聽學者專家演講時，隨時把有用的理念及資訊紀錄下來。

☺ 人人都可製作自己的賺錢筆記

2008年9月出刊的《今周刊》611期封面主題「製作自己的賺錢筆記」報導，在股票市場上有一個奇人，其在投資市場打滾近二十年，今年股市雖然一片低迷慘跌，但他的總資產不但

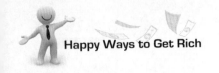

Happy Ways to Get Rich

沒有損傷,獲利還高達50%以上。如此亮眼的獲利,並非憑空而來,靠的是多年來所做的閱讀和整理的投資經驗筆記。此人就是股票投資達人王力維。

翻開他厚厚一疊已做了十五年之久的投資筆記,2008年總統大選後3月24日,他寫下投資股票的原則:「大家都知道的利多不是利多;預期中的利多到期就是利多出盡;高檔時的上影線黑K為吊人線;頭部一天底部百日;量價同時到底;第三個缺口為竭盡缺口。」

王力維不但對行情熟悉,各個投資名家的心法更可信手拈來,例如,「做股票又不研究個股,等於打牌不看牌」、「買股票像養孩子,別生太多讓自己手忙腳亂」、「不熟悉的股票勝算不高,找不到好的股票,儘管把錢放在銀行」、「空頭市場把它當冬天來寒流一樣正常,只要做好準備即可」。這些都可視為專家之言。

另一位上班族出身、已有十多年筆記經驗的投資人張國明,也是靠著研究投資專家的心法做起,進而累積近億元身價。例如他寫到「在反彈或回檔過程中,量小向來比量大安全」,「漲勢中宜分批買進,而非等待回檔再進入」,值得投資人參考。

😊 股市經典擦鞋童理論

在筆者的筆記資料,紀錄了股市裡有一個非常有名的理論,稱之為「擦鞋童理論」,即當你的擦鞋童也開始侃侃而談

地和你討論股票時，趕快把你手中的股票全部賣掉。

傳聞這是美國總統約翰‧甘迺迪的父親約瑟夫‧甘迺迪（Joseph Kennedy）的親身故事，美國1929年華爾街大崩盤前，有一回老甘迺迪請一位擦鞋童幫他擦鞋時，這位擦鞋童一直談論著股票，而且儼然像是個專家似地講得頭頭是道。老甘迺迪於是發現，似乎所有人都自以為是股市專家了，他回到家二話不說，立即將手中所有的股票都賣掉，因而躲過了1929年的美國股市大崩盤，確立甘迺迪家族維持巨富的地位。

股神華倫‧巴菲特（Warren Buffett）也有一句非常膾炙人口的警語，提醒股市投資人：「在別人恐懼時，你要貪婪；在別人貪婪時，你要恐懼。」這正是進出股市的精髓所在。

巴菲特表示：「因為沒有人具備預測經濟趨勢的能力，對於股市漲跌也沒有人可以準確預測，因此，不了解自己該做什麼的投資人，只有運用廣泛分散的投資策略，才能得到報酬。」

有一句股市名言：「在歡樂聲中出場，在長噓短嘆聲中進場。」

巴菲特說：「如果你要在未來5年獲利，投資人就該在價格跌深時買進。」

☺ 投資要以累積財富為目標

投資大師彼得‧林區（Peter Lynch）與華倫‧巴菲特都有一句英雄所見略同的話：「這家公司基本面沒有變，就不要因

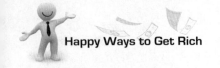

為股票漲高了而拋棄它；這家公司基本面改變，就不要因為股價很低而去買進它！」

《智富一輩子》書中強調：「你一定要了解，投資是一輩子的事業，由於你一生中都離不開投資，所以愈早開始學習投資，成效愈好。要擬定一套以累積財富為目標的投資計畫，並執行你的投資計畫。」

綜合上述，投資股票也是一門學問，想要進入寶山，滿載而歸，就要努力用功，為自己製作一本投資股市的「賺錢筆記」，建立正確的投資觀念與心法，並善加運用，切實執行，即可在股市中談笑用兵，逐漸累積財富。

65 M型社會致富有道
——做好財富管理，對抗通膨

多數已擁有財富自由者，主要靠工作薪資收入和靠投資理財累積財富，證明努力工作賺錢及做好投資理財，確實是累積財富的重要推力。

M型社會迅雷不及掩耳的來臨，富人與窮人分別盤據兩端，貧富差距愈來愈大。放眼今日台灣社會，有錢的富豪大老闆比比皆是，動輒一擲千金，住的是上億元的頂級豪宅，開千萬跑車，帶數百萬的名錶鑽戒，身穿數十萬的名牌服飾，手拿數萬元的名牌包，一頓吃數萬元的大餐，極盡奢華之能事，實不勝枚舉。

反觀，一般薪水階級的上班族，面對什麼都漲，就是薪水不漲的年代，通貨膨脹、物價節節高升，生活壓力愈來愈大；還要隨時面對裁員、減薪的打擊，中年失業族群人數更是直線上升；至於積欠卡債，因無力還債，三餐不繼，走投無路，而全家燒炭自殺的不幸事件，更是時有所聞。所謂「朱門酒肉臭，野有凍死骨」，正是現今社會的真實寫照或是明顯的貧富對照。

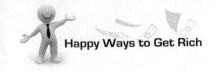

「人不理財，財不理人」，所以理財很重要。尤其在通貨膨脹已全面鋪天蓋地而來的時代，更要好好理財。想要對抗通膨，脫離貧窮，就從現在開始，非做好財富管理不可。

😊 信封理財法累積可觀財富

理財之道很多，可以從最基本而簡單的方法做起。7月13日的聯合報報導，高雄縣居民歐東信、歐李婉君夫婦，利用「信封理財法」將每月五萬餘元的薪水，區分為緊急預備金、食物、水電、交通、教育、雜支、稅金、帳單、娛樂、儲蓄等十個項目，分別裝在十個信封袋內，量入為出，嚴格控管每一筆支出，因此節省不少支出，日積月累，也就儲蓄可觀財富，不但養活一家八口，還擁有自宅、能供孩子學鋼琴，維持不錯的生活品質。

這種信封理財法古已有之，行之多年。早年，沒有那麼多的理財工具，一般人也不擅於和銀行打交道，有人就把每月家用依各類支出比例，或依每月天數，將錢分裝到信封裡，嚴格控管開支。信封理財法在不少國家也很流行，尤其亞洲國家像日本、南韓等，很多家庭主婦、上班族、學生都採用此法控制開支。

除了節流以外，歐東信的年終獎金都原封不動地存在帳戶裡，並花時間去研究股票等投資理財工具，趁著股市慘跌進場做長線布局，獲利通常都有二至三成，目前兩人已有上百萬元積蓄。

歐東信表示，他設定的複利來源，就是把投資股票或基金的獲利，再拿來投資。上班族若有複利的觀念，加上小富由儉，要成為千萬富翁不難。

可見，有效的理財，要開源節流雙管齊下，兼籌並顧，並且要徹底執行。

此外，根據《今週刊》與104市調中心所作的「財富自由度」大調查的顯示，約有75％的人認為自己沒有財富自由，至於怎樣才算擁有財富自由，約有85％的民眾認為起碼要擁有1000萬，其中約二成的人甚至把標準定為1億元；此外，更有92％的人，將追求財富自由設為未來十年的工作目標。另一方面，進一步詢問那些認為已擁有財富自由的民眾，在可複選的狀況下，發現勾選靠工作薪資累積財富和靠投資理財的比例均達八成，這個答案證明了做好投資理財確實是累積財富的重要推力。

☺ 追求複利讓財富倍增

面對未來油價居高不下，通貨膨脹愈演愈烈的趨勢，具備避免追高殺低、攤平成本、複利效果等優點的定期定額投資法，則是穩健獲利的長期投資方式之一。

理財專家羅尤美表示，以假設平均年報酬率15％來計算，每月定期定額2萬元，九年後即可累積500萬，足以用作創業、購屋貸款等經費；反之，若理財目標是屬於子女教育或是退休金等中長期計畫的話，那麼則須採取較為穩健的資產配置，以

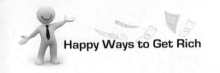
假設平均年報酬率10％來計算，每月定期定額2萬元，15年後可以存到800萬元，20年後可累積達1500萬元。

此外，若是理財起步時間較晚（45歲以後）的族群，則投資策略需偏向保守型的投資工具，可運用高等級政府債券，先鞏固投資安全性，再講求報酬率。 亦可依照市場狀況隨時彈性調整配置，像是以近期全球金融市場行情普遍走低、部分股市股價已被低估的狀況而言，正是投資人採取「定期定額1‧2‧3」策略，以加速累積財富的絕佳時機。

而所謂的「定期定額1‧2‧3」，是指：1.每月必須扣款一次以上，且逢低一定要加碼；2.至少佈局兩檔以上不同類型的基金，相互搭配，讓投資組合進可攻退可守；3.秉持不中斷，不追短，不隨意贖回的「3不原則」，讓時間複利的效果可以獲得最充分的發揮。

對抗通膨已是全民運動，做好投資理財，更要全民動員。透過開源節流雙管齊下，與持續地徹底執行財富管理，即可「輕舟已過萬重山」地勝過通貨膨脹的挑戰與壓力。

66 人不理財，財不理人
——做好財富管理，提升生活品質

> 　　理財既是「省錢」，也是「投資」，利用開源節流的方式，增加財富。理財的定義是：把錢財做最妥善而明智的安排和利用，使錢財產生最高的效率和發揮最大的效用。

　　M型社會已然來臨，貧富差距愈來愈大，也愈來愈明顯，如果您已晉身富人，理財就順理成章；如果您想脫離貧窮，就從現在開始，非做好理財不可。

　　「人不理財，財不理人」，所以理財很重要。理財既是「省錢」，也是「投資」，利用開源節流的方式，增加財富。比較準確的理財定義是：把錢財做最妥善而明智的安排和利用，使錢財產生最高的效率和發揮最大的效用。

☺ 擬定理財的優先順序

　　理財應該有一個優先順序，例如先儲蓄→買保險→還貸款→投資→消費支出，另外手邊隨時留點零用金應付急用。現在有所謂「月光族」或「薪光幫」，就是上班族每月把薪水花光

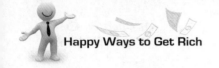
光。

何以如此？就是沒有做好理財規劃，或是未按理財的優先順序用錢。例如有些上班族領到薪水後，就先消費支出、接著還債，然後不儲蓄、不買保險，也不投資，到月底就把錢花光光。結果可想而知，不是身無分文，入不敷出，就是負債累累，一輩子貧窮。

所以，人人要理財，尤其是領薪水的上班族。一領到薪水，或一有收入，就立刻先至少提撥十分之一，把它儲蓄起來（《聖經》規定基督徒要奉獻收入的十分之一）。其餘十分之九，再做妥善的分配，例如十分之一用來支付保險，十分之二（不高於十分之三）還貸款，十分之一或二用於投資基金或股票，十分之三（不高於十分之五）用於消費支出。手邊約留3,000至5,000元的零用金應付急用。

☺ 養成記帳習慣，控制支出

例如一個人每月的薪水收入是30,000元，先提撥十分之一3,000元奉獻，剩餘27,000元；再拿出十分之一3,000元用來支付保險費，再提撥十分之三9,000元繳貸款，再拿出5,000元定期定額購買基金，剩餘10,000元，扣除6,000元日常生活支出後，僅剩4,000元可作為零用金、孝敬父母或娛樂支出，可謂相當吃緊。

以上薪水分配係指未婚單身者而言，雖然收入不多，但經過一番理財規劃後，各項支出可謂面面俱到。但如果要養家活

口（例如一家三口），就入不敷出了。所以小家庭如果要生活費寬裕一點，最好是雙薪，夫妻二人都有工作收入。

每月固定提撥5,000元定期定額購買基金，是非常重要的一項理財項目，也是強迫儲蓄的手段。但要選對基金，平均獲利約有10~20％；別小看每月5,000元，在複利滾存下，即可迅速累積財富。

另外，也可利用「321理財法則」，將自己的收入分成3、2、1，一共6等份，其中「3」等份為一般支出，「2」等份用於理財，最後「1」等份投資自己，例如學習或運動。

無論薪水如何分配，一定要按先後順序依序儲蓄或支出，並且要逐筆分類記帳。養成記帳習慣，當用則用，當省則省，就能控制支出。

理財的目的是「管理財富，增值生活」，以管理財富來達到提升生活品質的目的。唯有做好理財，才能讓財富倍增，一輩子遠離貧窮。

「不勞而得之財，必然消耗；勤勞積蓄的，必見加增。」（《聖經》箴言十三：11）

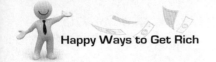

67 晉身千萬富翁的「天龍八步」一
——養成每月固定投資的習慣

> 每月固定提撥一定的金額投資，同時也達到積少成多、聚沙成塔的儲蓄目的，這也是致富的第一步。

　　美國有一本暢銷書「成為百萬富翁的八個步驟」，一度在網路理財引起熱烈討論，作者是查理斯‧卡爾森，他在書中提出如何成為美金百萬（約等於新台幣三千萬）富翁的八個步驟，分別是：

- **第一步**：現在就開始投資。平均約有六成的人，沒有做任何投資；從現在就開始，強迫自己將收入的10％～25％提撥出來用於投資。

- **第二步**：訂定明確目標。任何目標都可以，例如買車、購屋或出國旅遊。然後全力以赴，達成目標。

- **第三步**：把錢投資在股票或股票基金上。從長期趨勢看，股票平均報酬率為11％，所以買股票投資，是不錯的投資工具。

- **第四步**：先求一壘安打（別眼高手低），再求全壘打得分。百萬富翁並不是因為投資高風險的股票而致富，而

是投資一般績優股。

- **第五步**：每月固定投資。養成投資的習慣，不論金額多少，都要投資。

- **第六步**：買了就要抱住，還要長抱。調查顯示，四分之三的百萬富翁買股票至少持有五年以上。將近四成買股票至少持有五年以上。

- **第七步**：把國稅局當成是投資夥伴，注意各項新稅務規定，善於利用免稅投資理財工具，讓國稅局成為致富的助手。

- **第八步**：限制財務風險。有效避開或控制各項財務風險。就算不幸發生，也要把傷害或損失降低至最低限度。

　　以上八個步驟，可謂是八個理財重點，都各有其值得重視的地方，每一個步驟都關乎是否可以成為百萬或千萬富翁，不可偏廢。因此筆者就八個步驟逐一分享，本文先討論「成為百萬富翁的八個步驟」的第一步及第五步，這兩步驟有其關連性。第一步提到：「現在就開始投資。平均約有六成的人，沒有做任何投資；從現在就開始，強迫自己將收入的10％～25％提撥出來投資。」第五步則指出：「每月固定投資。養成投資的習慣，不論金額多少，都要投資。」

　　以上兩步驟的重點旨在強調想要致富的基本動作，就是養成每月固定投資的習慣，而且要即知即行，立刻採取行動。每

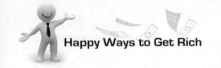
月從收入中固定儲蓄一定的金額是必要的，但儲蓄通常是把錢存起來，一般都是存在銀行（活儲或定存），利息低，比較沒有風險，屬於保守型的理財。

如果要達到理財的目標，讓資產能活化，創造最大的獲利，則每月固定提撥一定的金額用於投資基金、股票或債券，即屬於積極型的理財。當然，因為獲利比銀行高，風險相對而言較高，所以要謹慎小心，借助或請教理財專家，或是自己要多做功課，多學習、吸收及鑽研相關投資理財的專業知識。

事實上，每月固定提撥一定的金額投資，同時也達到積少成多、聚沙成塔的儲蓄目的，這也是致富的第一步。已故的「經營之神」王永慶曾指出：「你賺多少錢，不是你的；你能存多少錢，才是你的。」所以想要成為有錢人，一定要養成每月固定投資或儲蓄的習慣。

有一本書名為《是的，我要成功》（陳偉航著，麥田出版），書中強調一個觀念：「錢是慢慢流向那些願意儲蓄的人」。根據巴比倫出土的陶磚土記載，巴比倫最有錢的人叫做阿卡德，大家都很羨慕他的富有，因此向他請教致富之道。

阿卡德原來是在擔任雕刻陶磚的工作，有一天，有一位有錢人歐格尼斯來向他訂購一塊刻有法律條文的陶磚，阿卡德說，他願意漏夜雕刻，到天亮時就可以完成，但是唯一的條件是歐格尼斯要告訴他致富的秘訣。

歐格尼斯同意這個條件，因此到天亮時，阿卡德完成了陶磚的雕刻工作，歐格尼斯也實踐了他的諾言，他告訴阿卡德：

「 致富的秘訣是：你賺的錢當中有一部分要存下來。」「 財富就像樹一樣，從一粒微小的種籽開始成長，第一筆你存下來的錢就是你財富成長的種籽，不管你賺多麼少，你一定要存下十分之一 。」

阿卡德很單純地遵照歐格尼斯的指示，把所賺到的每一筆錢，都存下十分之一。結果日積月累，錢愈存愈多，像滾雪球一樣，讓阿卡德成為巴比倫最有錢的人。

早在八千年前的巴比倫人就指出： 成功的人都是善於管理、維護、運用，創造財富。致富之道在於聽取專業的意見，並且終生奉行不渝。

在以上這則古老的智慧實例當中，蘊含、歸納出金錢的五大金科定律：

- **金錢的第一定律**：金錢是慢慢流向那些願意儲蓄的人。
  每月至少存入十分之一的錢，久而久之可以累積成一筆可觀的資產。

- **金錢的第二定律**：金錢願意為懂得運用它的人工作。
  那些願意打開心胸，聽取專業的意見，將金錢放在穩當的生利投資上，讓錢滾錢，利滾利，將會源源不斷創造財富。

- **金錢的第三定律**：金錢會留在懂得保護它的的人身邊。
  重視時間報酬的意義，耐心謹慎地維護它的財富，讓它持續增值，而不貪圖暴利。

- **金錢的第四定律**：金錢會從那些不懂得管理的人身邊溜

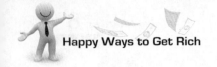
走。

對於擁有金錢而不善經營的人，一眼望去，四處都有投資獲利的機會，事實上卻處處隱藏著陷阱，由於錯誤的判斷，它們常會損失金錢。

- **金錢的第五定律**：金錢會從那些渴望獲得暴利的人身邊溜走。

金錢的投資報酬有一定的回收，渴望投資獲得暴利的人常被愚弄，因而失去金錢。缺乏經驗或外行，是造成投資損失的最主要原因。

其次，每月固定投資一定的金額──「定期定額」，也就是投資理財上所謂的「傻瓜懶人投資法」。之所以說是「傻瓜懶人投資法」，就是像使用傻瓜相機一樣簡單容易，易懂、易學、易操作。換言之，「定期定額」說得清楚一點就是「定期定額買基金」，也就是每月固定一個時間投入一樣的金額，買相同的基金。不論價格高低也不管多空頭，完成一般人普遍都能接受及運用的投資理財方法，穩健獲利。

傻瓜投資法就是像農夫一樣，農夫在收穫前必定是經過播種、插秧、施肥等等階段，無論天氣好壞、氣溫高低，經過辛勤工作才有豐收。投資也是如此，每月定期定額，不去判斷高低點，都投資固定金額，最後就可以像農夫一樣快樂豐收，且還可以享受到複利的果實，讓財富不斷倍增！

所以，就從現在就開始，每月強迫自己將收入的10％至25％提撥出來投資，選擇好的投資標的，就能創造每月平均10％～25％的獲利，如此就能累積可觀的財富。

68 晉身千萬富翁的「天龍八步」二
——設定明確的財富目標

　　為自己設定一個明確的理財致富目標，有計畫循序漸進地累積人生財富，以提早成為富有的人，就能無憂無慮地享受人生。

　　上文提到理財的第一步，就是每月從收入裡面固定提撥一定的金額儲蓄（保守理財）或投資（積極理財），並且養成每月固定投資的習慣，如此日積月累，即可累積為數可觀的財富。

　　但這種固定投資並非隨意或隨興而為，最好能夠訂定明確的目標，這也就是「成為美金百萬富翁的八個步驟」的第二步指出：「訂定明確目標。任何目標都可以，例如買車、購屋或出國旅遊。然後全力以赴，達成目標。」

　　這裡強調「訂定明確目標，任何目標都可以」，亦即一定要訂定目標，而且任何目標都可以，但要愈明確愈好。

　　目標的訂定可以包括幾項重點，例如理財的用途（支出項目），是要用於買流行服飾、數位相機、大型家電、電腦、學語文、出國旅遊、遊學進修、子女教育金、購車、房屋裝修、

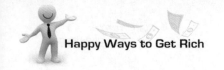
購屋、退休安養等等；根據以上支出項目訂定明確的金額，何時達成目標？

進而言之，理財目標可以根據支出項目及金額區分為大目標（例如子女教育金、購車、房屋裝修、購屋、退休安養等）、小目標（例如買服飾飾品、數位相機、大型家電、電腦、學語文、出國旅遊等）；然後根據時間訂為短程（一年內）、中程（三～五年）及長程目標（十年以上）。

例如設定子女教育金的目標，從幼稚園到研究所，父母究竟要為子女準備多少教育基金？答案是「五百萬元！」「這還是最保守的估計，不包括物價上漲和學費調高等因素。」台新銀行信託部副總仲向榮表示，如果子女「不幸」考上私立大學，或是有意到國外就讀研究所，以4％通貨膨脹率和10％的學雜費漲幅計算，十八年後至少要準備一千萬元才夠！

為了及早準備子女的教育金，目標如設定五百萬元，最好的方法就是購買定期定額的基金，每個月固定扣款五千至一萬元，如果平均投資報酬率有10％，以複利方式滾存，則十年後，即可足夠支付子女的教育金。

至於購屋，當然是早買早好，無論是自用或投資置產，購買房地產都是最佳選擇，而且從長期趨勢發展看來，房地產仍有持續上漲的空間，很少人購買房地產賠錢的。現在台北市的房地產已飛漲，三房兩廳三十坪的一般公寓住宅，約要一千萬元以上，如自備款兩成，也要兩、三百萬；每月繳房貸約需二～三萬元，對一般薪水階級而言，是相當沈重的負擔。

　　因此，初次購屋者，不妨往新北市郊區找尋，房價只要台北市的一半，自備款只要約一百萬元；如係中南部縣市，則房價可低至每坪六萬至十萬元，自備款只要約五十萬元即可。有意購屋者，一定要先把自備款的目標達成。

　　其次，也可以為自己設定「三十歲前賺進人生第一桶金（一百萬元）」、「四十歲前賺進人生第一個一千萬」、「五十歲前賺進人生第一個五千萬」的目標，然後開始賺錢、儲蓄、理財、投資或創業的正向觀念和積極行動。

　　接著就是理財工具的規劃，根據以上目標的緩急，可使用銀行定存、投資股票、基金及債券等，透過正確的理財工具，獲取最大的投資報酬率，達到財富管理的目標。

　　總之，為自己設定一個明確的理財致富目標，有計畫循序漸進地累積人生財富，以提早成為富有的人，可以無憂無慮地享受人生。

　　除了理財目標明確外，接著就是實際的執行力，無論是出國旅遊、買車、購屋或子女的教育金，把所需金額、每月需提存多少金額、何時達成目標？都一一逐項註明詳列。也可以使用「夢想板」的方式，除了把每一個目標項目、金額、達成時間列出外，還有具體的圖像或照片（例如購車，把廠牌、款式、CC數、顏色均標明，再附上原廠宣傳照片），讓「目標視覺化」，以激勵自己加快賺錢、存錢，早日達成目標。

　　還有一種自我激勵致富法，也可試試。就是把你的致富目標具體列出，然後依以下步驟自我激勵：

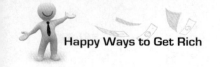
- **第一步**：先在心中定出所渴望擁有的金錢的數目

   要明確，一定要有具體數字！例如五十萬或一百萬元。

   而不能說：「我想要發財，成為大富翁」。

- **第二步**：設定你決心擁有這筆金錢的明確日期

   比如說2011年10月20日。

- **第三步**：想清楚你決定付出什麼代價或做出什麼努力，

   以得到你所渴望的金錢。

   天下沒有白吃的午餐！比如說，你願意犧牲休閒時間去

   兼差、或兩年內不出國旅遊、不買名牌服飾皮包、或暫

   時不買車子。

- **第四步**：接著以本名寫下要達成這個目標的明確計畫。

   在一張紙上簽署本名，然後精簡明確地寫下以上四點，

   例如：「我是○○○，在2010年6月5日要達成賺到兩百

   萬元的目標，以在台北市內湖區購買三十坪公寓住宅一

   間。我將利用週一到週五晚間兼差教英文及翻譯文稿，

   每個月固定要儲蓄八至十萬元，我決定兩年內暫時不出

   國旅遊、不買名牌服飾皮包、也不買車子。我相信我一

   定可以達成兩百萬元的目標。」

　　寫好後把它貼在牆上，每天臨睡前和清晨起床後，大聲朗
讀出來，唸到你可以看到、感覺到、並相信自己真的已經擁有
這筆錢為止。

　　這種自我激勵致富法是有根據的，成功學之父拿破崙·希
爾的名著「思考致富聖經」，以及德國知名的金錢教練柏寶·

薛佛的暢銷書《七年賺到一千五百萬》，都有傳授這種致富方式。令人振奮的是已經有千萬人，包括這兩本書的作者，都因這種方式賺進千萬財富。花點時間，就從現在立刻寫下你對於財務願景的承諾與自我激勵。

《聖經》上耶穌基督說：「你們要先求神的國、神的義，這一切都要加給你們。」如果你是基督徒，可以把你需要的具體財務目標，每天向神禱告祈求，只要憑著信心，所求的也符合神的心意，神會把一切都加給你，而且超過所求所想！

如果你不是基督徒，也可以向神禱告（禱告詞可參考如下：「主耶穌啊，我是○○○，感謝你賜我日用的飲食，讓我衣食無缺，身體健康，我相信你是我的主，你的恩典夠我用，我計畫於2012年6月30日前，在台北市內湖區購買三十坪公寓住宅一間，需要自備款三百萬元，求主施恩賞賜，為我預備這筆自備款。奉主耶穌基督的名禱告，阿們！」）。同樣的，已有成千上萬的人，因著堅定的信心，藉著禱告祈求，經歷到神豐富的恩典與賞賜！只要你有信心，你也可以經歷神的恩典。

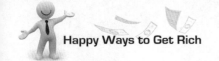
69 晉身千萬富翁的「天龍八步」三
——股票可列為優先投資理財工具

> 股票投資平均獲利高，但風險也高；投資人只有自
> 己多做功課，慎選績優股，分散風險，才是股票投資的
> 穩健獲利之道。

投資理財的工具很多，諸如銀行定存、股票、基金、債
券、保險、期貨、房地產、骨董、黃金珠寶等等，其中，如以
平均投資報酬率、風險係數及變現速度來分析比較，無論是理
財專家的意見，或是一般投資大眾的民調排行，大概都以股票
為投資理財的首選。

😊 投資績優股平均獲利高

所以，「成為美金百萬富翁的八個步驟」的第三步：「把
錢投資在股票或股票基金上。從長期趨勢看，股票平均報酬率
為11％，所以買股票投資，是不錯的投資工具。」

第四步：「先求一壘安打（別眼高手低），再求全壘打得
分。百萬富翁並不是因為投資高風險的股票而致富，而是投資
一般績優股。」

以上兩個步驟都與股票投資有關，第三步強調，股票平均報酬率為11％，所以是不錯的投資工具。第四步指出，投資股票只要選擇一般績優股，就能穩健獲利，立於不敗之地，顯示股票毫無疑問地是投資理財致富的最佳工具。

股票固然是不錯的投資理財的工具，但畢竟有其風險存在，必須小心謹慎為之，因為買到好的股票，可以不斷增值，甚至獲利可達好幾倍。反之，買到不好的股票，則可能虧損連連，甚至變成壁紙，血本無歸，結果有如天壤之別。

所以買股票，有兩個先決條件，一個是多聽專家的意見，一個是自己多做功課。但所謂聽專家的意見，無論是股票分析師、理專或是股市名嘴的意見，都只能供參考，而不能盡信之。所以，有一句股市流行的話說：「好的老師送你上天堂，不好的老師讓你住套房。」

☺ 切勿聽信股市名嘴，盲目投資

進而言之，有關投資理財或買賣股票的操作理論，無論是理財專員、投顧分析師或股市名嘴、大師，可謂百家爭鳴，各有一套說詞或理論基礎，有的誇誇其談、天馬行空、不知所云，有的則自成一家之言，引經據典，言之成理；但市場資訊充斥，「公說公有理，婆說婆有理」，投資人聽多了，反而無所適從，不知如何是好。

不過各家理論或投資術，尤其市場耳語及小道消息，千萬不能聽信或照單全收，而要加以過濾篩選。有的論調根本是無

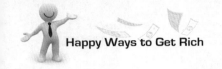
稽之談，可以不予理會；有的是別有居心的放話，目的在利用投資人的資金，炒作某檔特定股票；有的言論只能僅供參考，有的論述主張確實有其實用性，可以加以融會貫通，應用在實際的投資理財上。

當然，各種投資術或理論，最重要的是要經過市場的驗證與考驗，能夠賺錢獲利的投資術或理論，就是可行有用的投資術或理論，否則，不管其是什麼名嘴、大師，都可以將其主張論調丟棄於垃圾桶中。

因此，投資人只有自己多做功課，慎選績優股，分散風險，才是股票投資的自求多福之道。

本文的重點在談股票投資，為何要投資股票？在前面已經提及，股票的平均投資報酬率、風險係數及變現速度，相對而言要比其他的投資理財工具為佳。至於要如何投資股票？可謂眾說紛紜，莫衷一是。筆者大致歸類、整理以下幾個重點，謹供讀者參考：

😊 1. 慎選績優股投資穩健獲利

現在已是世界首富的「股神」巴菲特，對於股票投資有一個致富訣竅——「價值投資」，就是「找體質好的公司，低價買進，長期持有」。

一般體質好的公司，公司經營穩健，獲利情況良好，不但股價波動低，投資風險較低，且有持續上漲的空間，尤其每年配發的高股息相當可觀，比銀行定存利息要高好幾倍；在正常

的投資情況下，投資績優股，或是高股息公司，既可賺取股票增值的價差，又有配股（額外配發股票）、配息（現金股利）的獲利，可謂穩賺不賠。請參閱以下說明。

投資績優股（高股息公司）的理由分析：

- **理由**1.**高股息公司企業體質穩健**：經營穩健、有獲利的公司才有能力配發現金股息。
- **理由**2.**高股息公司穩定配發股息**：不管景氣好壞，都穩定維持股利發放水準。
- **理由**3.**高股息公司相對隨漲抗跌**：公司獲利穩定、具優質基本面，股價相對穩定抗跌，現金股利率高人一等！

臺灣高股息指數現金股利率約5.76％，遠優於亞太地區其他國家，更大幅超越歐美日等國家，讓投資人同時坐享股價成長機會及現金股息收益。

基於「雞蛋不要放在同一個籃子裡」的避險原則，在挑選績優股時，不要獨沽一味，只買一檔股票，可以挑選五檔左右的績優股投資，以分散風險。例如「台塑四寶」台塑石化、台塑、南亞、台化及鴻海、台積電等股票，均可視為一般績優股。

以台化（1326）股票為例，投資人如果在2010年3月2日收盤價72.7元時進場，至2011年4月27日收盤價為115.5元，在不到一年二個月的時間，投資人的獲利達接近六成，獲利遠高於銀行定存。

如以經常佔據股王的宏達電（2498）為例，投資人如果在

2010年3月2日收盤價325元時進場，至2011年4月27日收盤價為1270元，在不到一年二個月的時間，投資人的獲利翻了四倍多，如此投資報酬率極為驚人。

　　購買以上績優股，如果再加上配股、配息的收入，獲利將更為可觀，不但遠遠超過銀行的定存利息，甚至也超過房地產的投資獲利。所以慎選績優股投資，絕對是一最佳的投資理財管道。

　　但要注意的是，投資高風險或高股價的股票，股價上下波動大，風險相對高（例如有的股票一路飆漲，股價從一百多元，漲到一千多元，成為股王，投資人如來不及脫手，一旦跌下來，即損失慘重，甚至血本無歸），除非你是投資達人，或是資本雄厚，否則不建議投資高風險或高股價的股票，以免得不償失。

😊 2. 掌握「低買高賣」原則

　　為何買進好股票，還是賠錢？這是因為你買的價格不對，或時機不對！股神巴菲特說：「如果你要在未來五年獲利，投資人該在價格跌深時買進。」唯有低買高賣，才能賺取中間的差價。

　　前文已經提及，股市總是有漲有跌，而且是呈現階段式波動，在上漲到一個階段時，就會下跌，不會一直上漲；反之在下跌到一個階段時，就會跌深反彈，或止跌回升，開始上漲，不會一直下跌。至於何時是「逢低買進」的低點？何時是「逢

高出脫」的高點？這就有賴投資人努力做功課，多吸取股市波動的經驗。

巴菲特說：「市場經常是從一個極端走向另外一個極端，現在要做的，就是準備好迎接市場的波動。」所以，股票投資人就是要選擇市場波動至低點，也就是價格跌深時買進，如此就能穩賺不賠。

在對的時間，買進對的股票；在對的時間，投資對的公司；在對的時間，把錢投資在對的地方；在對的時間，把錢用在對的人身上。這種對的投資，就是正確的投資，不但可降低風險，且可保證獲利。

股票投資還要掌握大眾心理，不要一窩蜂地人云亦云，隨波逐流。想要投資致富，除了切忌貪心外，還要與大眾心理「反其道而行」，切實做到「低買高賣」，千萬不要「追高殺低」。巴菲特就曾提醒投資人：「當別人貪婪時，你要恐懼；當別人恐懼時，你要貪婪。」「當很多人對股市趨之若鶩，報章頭版刊載股市消息時，就是該冷靜的時候了！」

同樣有一句老話：「當大家都看好股市（一片歡欣鼓舞），就是你準備獲利了結的時候；當大家都看壞股市（一片哀鴻遍野），就是你準備進場下單的時候。」這麼簡單的道理，就能賺錢致富。

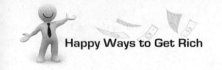

😊 3. 切勿多次買進賣出，一味炒短線投機

買股票是投資，而不是投機。投資的本質其實是長期儲蓄，而不是短線進出炒作的投機行為，因為從投資中獲利最大的就是來自於時間，時間＋複利＝大於原子彈的威力（愛因斯坦語）。選對股票，加上長期持有，就能創造出複利的驚人獲利。

其實投資股票，就是為了獲利。如果短線進出炒作，可以獲利，大可如此。但通常炒短線進出，大多賺少賠多。如果一次長期投資，就可獲利，何必冒險多次進出炒股？

而且多次買進賣出，一定要花費精神、時間及證券交易稅的代價，每天都要看盤，眼睛不時盯著上上下下的指數，如果股市不振，大盤下跌，心情豈不是受到股市影響，生活或精神品質一定不佳，如此賠了股價，又壞了心情，豈不「賠了夫人又折兵」？

😊 不要把寶貴人生浪費在股市

《聖經》上說：「你的財寶在哪裡，你的心就在哪裡。」所以不要在股市投機，整個人的心思意念被股票捆綁，每天被股價漲跌牽引而魂不守舍、寢食難安。最好是「手中有股票，心中無股價。」

其實人生的「財寶」，絕對不是手中的股票，還有其他比股票、錢財更寶貴的事，所以不要把大好的人生光陰虛擲在股

票投資上。有一句電視廣告語：「時間就應該浪費在美好的事物上」，股票投資只是投資獲利的一個途徑，絕對不是人生中最美好的事物，不值得把寶貴的人生流連、沉迷及浪費在股市上。

有一位企業高階主管就深諳股票投資之道，謹守每年只進出股市一次的原則，每年當大盤「跌跌不休」，股市哀鴻遍野的時候，即逢低買進；當大盤跌深反彈，股價上升時，即逢高出脫。如此好整以暇，輕輕鬆鬆即在股市累積不少財富。

還有一位「菜籃族」的家庭主婦，以其多年買賣股票的經驗得知，每年十月時進場買股票，隔年二月出脫股票，平均賺多賠少。每年就只要進出一次股市就好，不用太費心傷神就可以在股票投資上獲利。這種輕鬆投資股票的方式，可稱之為「傻瓜菜籃族股票投資術」，值得股票投資人參考。

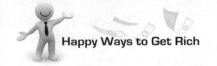

70 晉身千萬富翁的「天龍八步」四
——長期投資，複利滾存，讓財富倍增

「有紀律的投資對累積財富有很大幫助。」定期定額長期投資熟悉的產業、股票和基金，這是所謂的紀律，也是穩健理財的作法。

本系列上文提到投資理財的工具很多，如以平均投資報酬率、風險係數及變現速度來比較，股票為投資理財的首選。所以，「成為美金百萬富翁的八個步驟」的第三步強調：「把錢投資在股票或股票基金上。從長期趨勢看，股票平均報酬率為11％，所以買股票投資，是不錯的投資工具。」

本文繼續討論第六步：「買了要抱住，還要長抱。調查顯示，四分之三的百萬富翁買股票至少持有五年以上。將近四成買股票至少持有五年以上。」可見投資股票還是要長期持有，然後逐年配股、配息，不斷累積「股子」、「股孫」，再加上股價的上漲，即可讓財富倍增。

至於投資股票基金或一般基金，亦復如此。行政院金管會於2008年6月12日表示，自即日起，除花旗銀行，所有信託業都必須開始執行基金短線交易防制，也就是對採取短線交易的

投資人，收取短線交易買回費用。換言之，政府金融主管機關鼓勵投資人長期投資，對短線交易的投資人給予收取短線交易買回費用，以示懲罰。

😊 長期投資＝時間＋複利

其實，透過長期持有，可以經歷到時間+複利的威力，對投資人最為有利。例如有一位朋友，他幫侄女在小學畢業時，用定期定額買了一檔台股基金，最近剛進大學的侄女，拿對帳單給他看，讓他嚇了一跳，經過了六年，這個每月扣款5,000元的存錢理財計畫，經過複利滾存，已經滾到近70萬元。算一算年平均報酬率14％，按這種速度繼續滾動，到小女生大學畢業時就可存到人生第一個100萬。朋友不可思議地笑著說：「100萬耶！就這麼輕輕鬆鬆地存了下來了，定期定額投資，還真的很好用！」

還有一位剛過「不惑之年」的中年主管，有一天他決定好好為未來退休之後準備一筆退休金，於是在兩年前開始利用投資型保單按月存款，少則一萬、多則二、三萬元，不過兩年時間，就存了五十萬元，照這個速度，他相信到了五十五歲時，也就是他計畫退休的年齡，就能達到無後顧之憂的富足境界了。

所以買股票，長期持有；或是定期定額的長期投資基金，或買投資型保單，都是利用時間累積財富的理財方式。至於所謂長期持有或是「長抱」，時間到底要多久，才算長？過去買

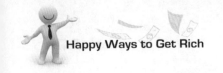

股票，所謂長期持有，都是一抱就是五年或十年以上；現在因為大環境變化很快，產業或個別企業的興衰變化也很大，所以長期持有的時間已縮短，但最少也要放著一、兩年以上，領到「股子」、「股孫」後，再視情況是否要出清持股或轉檔操作。

至於定期定額投資基金，或買投資型保單，一定要經過五年或十年以上，才能看到明顯的投資效益；這些都是要付上一定時間的代價，而不能一蹴可幾或一夕致富的。

但無論是買股票，或是定期定額投資基金，或買投資型保單，由於是長期投資，所以投資人一定要慎選投資標的，選擇績優股或獲利穩健的基金，或是有品牌可靠的投資型保單，以立於不敗之地。

☺ 切實執行有紀律的投資

此外，投資股票或基金也要講究紀律，尤其是長期投資，更要有堅持到底的精神，才不致於半途而廢。堅持到底就需要依靠紀律，例如定期定額投資基金，就是要求自己每月固定一定要提撥一定的金額投資或儲存起來，要勉強自己養成習慣，這就是有紀律的定期投資，日積月累，就可以累積可觀的財富。

「日本有一位農夫，他種下一棵竹子，連續灌溉七年，竹子都文風不動，但是卻在最後六個禮拜長了三十公尺。」摩根富林明資產管理副總張慈恩說了這個故事，告訴大家「紀律」

和堅持到底的重要性。

　　張慈恩說：「投資之前，你要挑對一個好種子，之後每天澆水，這個澆水的動作就是『紀律』，你不能因為竹子還沒長出來就不澆水了，投資像農夫種竹子一樣，必須有紀律的定期投資，最後才會長出財富來。」

　　「有紀律的投資對累積財富有很大幫助。」中信金個人金融執行長尚瑞強說，定期定額長期投資熟悉的產業、股票和基金，這是所謂的紀律，也是穩健理財的作法。

　　第一銀行大安分行個人金融副理孫娟娟透露，她有一位客戶於十七年前買進富達歐洲基金，投資單筆三百萬元，十七年來歷經股市空頭與多頭，都沒有出場，獲利十五倍，資產從三百萬元變四千五百萬元，最近他陸續贖回該基金，可以享受優渥的退休生活。這個活生生的例子告訴投資人，長期持有的威力驚人，耐心持有也是致富的重要因素。

　　總資產超過一兆六千億美元、全球前三大的摩根富林明集團（JP Morgan Fleming Asset Management）投資長馬丁‧波特（Martin Porter），集分析師、基金經理人和投資長三十年經驗，五年內讓集團旗下股票與平衡型基金規模累積近四千八百億美元，成長128％。

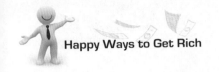

Happy Ways to Get Rich

😊 投資的本質是長期儲蓄

波特強調，投資的本質其實是長期儲蓄（long term saving），因為投資人從投資中獲利最大的就是來自於時間（the biggest benefit you get from investment is the time you invested for）。

所以，他建議投資人要長期持有股票；他分析他所接觸超過三十年以上的往來客戶，過去三十年持續投資的報酬，平均每年報酬率超過12％，甚至15％，獲利非常可觀。

曾經有人問愛因斯坦：「世界上最強大的力量是什麼？」愛因斯坦的答案不是星球撞擊，也不是核子爆炸，而是「複利效應」。「以錢滾錢，利上滾利」的複利效應有兩個特色：一、時間愈長複利效果愈顯著；二、報酬率愈高，複利效果愈大。

所以投資人想要致富，必須要有耐心，選對好的投資標的後，長期耕耘，就可以等待收割。一旦當股市跌跌不休時，已經具備跌深反彈條件，投資人可適時逢低承接，選對3至5檔績優股，「長抱」住一、二年，應有相當大的獲利空間。一般認為在兩岸關係解凍，隨著全面三通直航的開放，大陸觀光客亦陸續登台，也開放了陸客自由行，對台灣的經濟發展當然是一項利多，股市重新登上萬點自是令人樂觀可期。

其次，以定期定額方式，購買獲利穩健的基金或有品牌的投資型保單，執行長期投資計畫，每個月固定投資3000元、5000元或10,000元都可以，然後持續投資五年、十年或十五

年以上，就可以等待「一分耕耘，十分收穫」的投資報酬率。
以下即是長期投資，複利滾存，所創造出財富倍增的可觀獲利
表。

長期投資創造可觀報酬一覽表

每月投資	投資期間			
	5 年	10 年	15 年	20 年
3000 元	269,045	835,972	2,030,589	4,574,865
5000 元	448,408	1,393,286	3,384,315	7,579,775
10,000 元	896,817	2,786,573	6,768,631	15,159,550
＊年報酬率以 15% 計算				

資料來源：台壽保投信網站

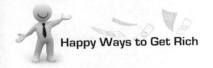

71 晉身千萬富翁的「天龍八步」五
——有效節稅就是節約致富

> 「納稅是國民應盡的義務」，繳納所得稅是好國
> 民的表現。受薪階級的上班族，每一筆收入都有扣繳憑
> 單，稅金一毛都跑不掉，只有努力節稅，才是上策。節
> 稅就是省錢，省錢就是賺錢。

　　「成為百萬富翁的八個步驟」一書中的第七步，提及有關「把國稅局當成是投資夥伴，注意各項新稅務規定，善於利用免稅投資理財工具，讓國稅局成為致富的助手。」的內容，提醒讀者如何申報所得稅及如何節稅等事宜，以達到節約致富的目的；在台灣每年個人所得稅申報截止日是5月31日，在一年一度的報稅、繳稅季節來臨前，納稅人可以先注意政府部門，尤其是國稅局各項繳稅、節稅的公告和資訊，以有效節稅。

😊 節稅就是省錢賺錢

　　所謂：「納稅是國民應盡的義務」，所以繳納所得稅是好國民的表現。而屬於受薪階級的上班族，每一筆收入都有扣繳憑單，稅金一毛都跑不掉，既然不能逃漏稅，只有努力節稅，

才是上策。節稅就是省錢，省錢就是賺錢。

「成為百萬富翁的八個步驟」一書中的第七步指出：「把國稅局當成是投資夥伴」，「讓國稅局成為致富的助手」，這是讓人眼睛為之一亮，令人感到很有趣的觀念。因為理財專家在談論如何理財致富時，少有人把國稅局當成是投資夥伴，或是很少有人會提及國稅局的角色。

該書作者特別提到國稅局，應該有其特別用意，而非隨興所至。因為上班族如果了解稅法、稅制或相關稅務，就知道如何節稅、如何報稅，達到開源節流、減少支出的目標。

過去有一句詼諧語說：「中華民國萬萬稅」，意指凡是中華民國國民要繳納的各種稅金名目非常繁多，除了綜合所得稅外，平常購物發票有5％的營業稅；房屋有房屋稅、地價稅、財產交易所得稅及土地增值稅；汽車有牌照稅、燃料稅；買賣股票每筆有交易稅；抽菸者每買一包香菸，要支付5％的健康捐，也是一種稅賦；另外還有贈與稅、遺產稅、奢侈稅等等，不一而足。

☺ 讓國稅局成為致富助手

守法的好國民，當然要依法繳稅，不能逃漏稅，否則不但要罰鍰，情節重大者還要被判刑坐牢。但懂得稅法、稅制或相關稅務的人，就知道在申報所得時，如何依法節稅，或是合法地避稅，因此可減少許多的稅賦支出。這也就是《成為百萬富翁的八個步驟》一書作者所強調：「把國稅局當成是投資夥

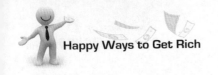

伴，注意各項新稅務規定，善於利用免稅投資理財工具，讓國稅局成為致富的助手。」的用意所在。

除非你有專屬的會計師為你處理稅務問題，否則一般人還是要自己動手申報所得稅，尤其牽涉到個人所得及財產等隱私，也不方便隨便假手他人幫忙申報。這時，國稅局的所提供的資源及服務，納稅義務人都可以善加利用。

例如，各種稅法的新規定，國稅局都有提供宣導小冊子，有相關稅務網頁提供資訊及報稅軟體程式，現場有義工人員提供相關疑難解答，甚至協助填寫申報書。

😊 合法節稅四大基本策略

至於個人綜合所得稅合法的節稅方式，大致可歸納以下四大基本策略：

一、夫妻視情況分開申報

根據規定，夫妻應合併申報綜所稅，但若是去年才結婚或離婚，今年報稅時可選擇分開或合併申報；原則上，若夫妻雙方都有所得，都是高所得，且所得相當，選擇分開申報比較有利。

不過，若夫妻主要收入來源都是薪資所得，合併申報時可將薪資所得分開計稅，未必不利；此外，夫妻若所得相差懸殊，有一方沒有收入或符合免辦結算申報標準，則選擇合併申報反而較具節稅效果。

國稅局官員說，綜所稅是採累進稅率，雖然原則上是分開

申報較有利，但每個人的情況不同，有的人選擇合併申報反而較划算，納稅人報稅時最好先試算一遍，再選擇對自己最有利的方式申報。

二、增加免稅額

今年綜所稅免稅額每人7.7萬元，70歲以上則是每人11.55萬元，除了本人、配偶之外，多申報一個扶養親屬，可以多一個免稅額，也就可以少繳一些稅。

受扶養親屬分成「直系尊親屬」、「子女」、「兄弟姊妹」及「其他親屬或家屬」；其中，直系尊親屬是指父母、祖父母、外祖父母等，家裡若有幾個兄弟姊妹，可協調由所得較高者申報父母為扶養親屬，較具節稅效果。

另外，未滿二十歲或在學的兄弟姊妹也可申報扶養，但不能扣除其教育學費扣除額；因此，若兄弟姊妹就讀大專以上院校，且父母自行報稅，兄弟姊妹還是由父母申報扶養比較有利。

三、選擇列舉扣除額

申報綜所稅時，須選擇適用標準扣除額或列舉扣除額，單身者標扣額46000元，有配偶者92000元；至於列舉扣除額則有九項，納稅人可一一列舉扣除，若列舉扣除的金額合計超過標扣額，則報稅時應選擇列舉扣除額。

列舉扣除額包括捐贈、保險費、醫藥及生育費、房貸利息及房租支出等；租屋族若每月租金1萬元，全年就有12萬元，已超過標扣額，報稅時就應選擇列舉扣除額。

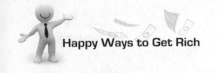

四、善用特別扣除額

另外，綜所稅還有5項特別扣除額，包括薪資所得、財產交易損失、儲蓄投資、教育學費及殘障特別扣除額，多多利用這些特別扣除額，也可以達到節稅的效果功能。

今年薪資扣除額每人7.8萬元、殘障扣除額每人7.7萬元、儲蓄投資扣除額每戶27萬元、教育學費扣除額每戶2.5萬元，財產交易損失扣除金額，則以不超過當年度申報的財產交易所得為限，當年度若無財產交易所得，可扣抵以後三年度的財產交易所得。

總之，納稅義務人在報稅前一定要仔細研究，找出最有利的申報方式，盡量節稅。

假設一個四口之家，且是雙薪家庭，夫妻的薪資年所得各為100萬元，沒有其他稿費、利息、捐贈等收支情形，可依台北市國稅局提供以下的扣抵稅額，可作為申報綜合所得稅時參考：

99年度免稅額扣除額一覽表

適用項目	適用對象	可扣金額
免稅額	本人、配偶及受扶養親屬	77000/人
	年滿70歲受扶養直系尊親屬	115500/人
標準扣除	單身	46000
	夫妻合併	92000
列舉扣除額	捐贈 政府、國防、勞軍捐贈	所得20~50％ 核實認列
	人身保險費	24000/人
	醫藥費	核實認列
	災害損失	核實認列
	自用住宅購屋貸款利息	最高30萬/戶
	租金支出	最高12萬/戶
特別扣除額	薪資所得	78000/人
	儲蓄	270000/人
	教育費	25000/戶
	殘障	77000/人
	財產交易損失	不超過當年財產交易所得

資料來源：台北市國稅局

72 晉身千萬富翁的「天龍八步」六
——有效避險及掌控風險是理財關鍵

> 任何投資都有風險，而且是「高獲利高風險，低獲利低風險」，所以在選擇投資理財的工具時，首先要考慮其風險性，並要有效避開各項風險，以確保投資獲利。

　　「成為美金百萬富翁的八個步驟」的第八步（也是最後一個步驟）強調：「限制財務風險。有效避開或控制各項財務風險。就算不幸發生，也要把傷害或損失降低至最低限度。」

　　美國次級房貸引發一連串的金融風暴，全球股市皆遭池魚之殃，大盤連連下挫；再加上原油價格不斷上漲，屢創歷史新高，2008年6月27日，每桶原油價格已達到美金142元大關；因為原油價格上漲，又引爆世界各國通貨膨脹，在骨牌效應的擴散下，全球經濟均籠罩在「六月雪」的肆虐下，雪上加霜，呈現前所未有的凄慘景況。

　　台灣不但無法置身事外，而且嚴重衝擊新政府的威信，從5月20日馬英九就任新總統後，股市不但沒有「馬上好」，上看萬點，反而「馬上跌」，台股合計從5月20日當天高點9309點

算起，一個多月共下跌了約1800多點，跌幅近兩成，市值蒸發4.48兆，平均股民損失近56萬元，等於一個月賠掉了一年的薪水，股民哀聲連連，投資人臉色一片慘綠，有七成五的股民賠錢，連帶地信心動搖，情緒低落，宛如從天堂墜入地獄。

投資理財要有風險控管

俗語說：「天有不測風雲，人有旦夕禍福。」「人生不如意事，十常八九。」「計畫趕不上變化，變化趕不上老闆的一通電話。」可見人生隨時會有意外風險發生，所以人必須「有備無患」、「防患未然」或是要有危機意識，因為「人生最大的危機，就是沒有危機意識」；然後要提高警覺，「勿恃敵之不來，恃吾有以待之。」凡此種種，皆在強調人要有風險控制與管理的認知與萬全的準備，以及時避開風險，化險為夷或逢凶化吉。

在投資理財上，亦復如此。任何投資都有風險，有的高風險，有的低風險，（所謂「高獲利高風險，低獲利低風險」），零風險的投資工具，可謂微乎其微或可遇而不可求。所以在選擇投資理財的工具時，首先要考慮其風險性，以免賠了夫人又折兵，血本無歸。

前面第一段，「成為美金百萬富翁的八個步驟」的第八步指出：「有效避開或控制各項財務風險。就算不幸發生，也要把傷害或損失降低至最低限度。」可以歸納出兩個重點，就是在投資理財上，一個是最好不要遇到風險，或是避開風險；另

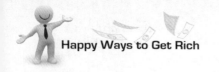

外一個就是萬一不幸遇到風險，要把風險降到最低限度，讓自己在可以承受的範圍內。如果要達到以上兩個重點，投資人在展開投資理財的行動前，需要多做功課，做好風險控管。

☺ 勿貪圖高利分散風險

例如過去有投資公司推出所謂高獲利的投資案，宣稱每月可獲利25％，換言之，每四個月即可回本，比銀行定存利息高出許多，也比買股票獲利高，真是名副其實的高獲利。但天下真有這種好事嗎？結果可想而知，許多人貪圖高利，把退休金拿去投資，只看到高獲利，卻忽略了高風險，以致你賺他的高利，它吃你的本金，才短短幾個月，投資公司負責人即捲款而逃，投資人求償無門，一生辛勞的退休金就此血本無歸，真是欲哭無淚。

所以在投資時，千萬要評估風險，了解這家公司過去經營的狀況，這個投資案是否可靠？如此高獲利從何而來？是否能維持長久？而且高獲利必然潛藏高風險，萬一風險發生，是否能夠承受？智者有言：「凡事要做最好的準備，做最壞的打算。」投資更是如此！

此外，千萬要記得「雞蛋不要放在同一個籃子」，亦即要做好分散風險，不要只選擇一種投資工具，所有的資金不要孤注一擲地集中投資在一個投資標的，以避免萬一出現的意外狀況及風險。其次，先定期定額，後單筆投資，或是以定期定額為主，單筆投資為輔，這也是分散風險的作法。

在投資理財上務要持守一個原則，即是手上永遠都要保留有一筆現金，以防突發事件來的時候才有現金週轉，不要把短期資金（例如家用的生活費、繳房貸及小孩的註冊費）拿去投資，投資股票或買基金最好要用閒錢，尤其不要把退休金拿去一搏。畢竟，投資理財不是賭博，也不是投機，市場也有許多不容易預測的因素，絕對需要運用理智與專業為之，以避開風險，或把風險降到最低。

😊 投資法則就是不要賠錢

最後，請牢記：「投資的第一法則，就是不要賠錢，第二法則是不要忘記第一法則。」這是巴菲特主義（Buffettism）最經典的一句話。

理想的人生財富目標及生涯規劃如下：

20歲，積極投資自己，才能帶來財富。

30歲，存到第一桶金，才能用錢賺錢。

40歲，把握人生黃金10年，積極創造財富。

50歲，守住財富穩健獲利，以複利滾存累積財富。

60歲，務要做好風險控管，開始過著平安富有的退休日子。

《智富一輩子》書中強調：「你一定要了解，投資是一輩子的事業，由於你一生中都離不開投資，所以愈早開始學習投資，成效愈好。要擬定一套以累積財富為目標的投資計畫，並執行你的投資計畫。」

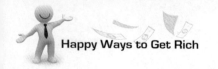

　　台新金控信託投資事業處副總仲向榮建議想要富足的人，先設定目標，清楚知道自己的財富目標，例如出國念書、結婚、置產、買房子、子女教育或退休後要過什麼樣的生活等。目標確定後，才知道財要怎麼理。

　　總之，投資理財與致富的方法理論很多，重要的是執行力。「成為百萬富翁的八個步驟」已逐項分析探討，想要致富的人，不妨可依照以上重點，開始投資理財的行動。

　　最重要的是，人的一生所追求最重要的東西，絕對不是財富，人生還有比金錢更重要的價值及目的要去努力完成。而所有財富也都是神所賞賜的，所以追求財富，除了自己的努力外，也要祈求神的賞賜！而一個遵行神旨意、合神心意的人，神會把一切（當然包括財富）都賜給他！

附錄

HAPPY WAYS TO GET RICH

附錄一 各大投資理財網

臺灣證券交易所	http://www.twse.com.tw/
證券櫃檯買賣中心	http://www.otc.org.tw/
中央社商情網	http://www.cnabc.com/news/
聯合理財網	http://money.udn.com/
中時電子報理財	http://money.chinatimes.com/
Cash.com.tw 投資理財網	http://www.facebook.com/cash.tw
雅虎奇摩股市	http://tw.stock.yahoo.com/
雅虎奇摩理財	http://tw.money.yahoo.com/
HiNet理財網	http://money.hinet.net/HiMoney/
鉅亨網	http://www.cnyes.com/
智富網	http://www.smartnet.com.tw/
萬寶投資網	http://www.marbo.com.tw/
匯豐中華投資理財網	http://www.moneydj.com/
國泰人壽投資理財網	https://www.cathaylife.com.tw/
ING投資理財網	http://www.ingfunds.com.tw/aries/
摩根富林明理財網	https://www.jpmrich.com.tw/
富蘭克林基金理財網	http://www.franklin.com.tw/
怡富投資理財網	http://money.chinatimes.com/
投資理財致富網	http://findmoney888.blogspot.com/
外匯交易研究院	http://berichats.blogspot.com/
發達理財網	http://www.s8088.com/
多空聚寶盆理財網	http://stock911.com/
Money DJ理財網	http://www.moneydj.com/
MoneyQ投資理財網	http://www.moneyq.org/
168聲動財經網	http://www.168.com.tw/
5988理財網	http://www.5988.com.tw/
台灣冠冕真道理財協會	http://www.crown.org.tw/241

附錄二 景氣對策信號分數

　　看不懂複雜數字的投資人，可參考行政院經建會在每月27日左右發布上個月的景氣對策燈號進出台股，以提高投資獲利率。

　　景氣對策信號分數網址： http://index.cepd.gov.tw/

　　燈號與分數：

紅　燈▶ 45～38分
代表景氣熱絡

黃紅燈▶ 37～42分
需觀察景氣是否轉向

綠　燈▶ 31～23分
表示景氣穩定

黃藍燈▶ 22～17分
需觀察景氣是否轉向

藍　燈▶ 16～9分
代表景氣低迷

附錄三 股市進出簡易三撇步

步驟1▶ 挑選前景好的產業	步驟2▶ 挑選產業龍頭股、領漲個股	步驟3▶ 設定停利停損點的出場3大時機
選「近6月指數漲幅」名列前茅的類股，此時買進可享受一段主升段漲幅。	從步驟1的類股挑兩支個股，第一個選產業龍頭股，第二個選當時漲幅較大的個股。	1. 進場半年後 →逢高停利出脫！ 2. 漲幅落後其他類股 →停損出場！ 3. 類股、個股漲幅不同步 →出清持股！

附錄四 72投資定律

72 ÷ 年報酬率 ＝ 本金翻一倍所需時間

以投資本金30萬為例：

報酬率4% 每18年本金翻倍		報酬率8% 每9年本金翻倍		報酬率12% 每6年本金翻倍		報酬率18% 每4年本金翻倍	
年齡	$	年齡	$	年齡	$	年齡	$
29	30萬	29	30萬	29	30萬	29	30萬
47	60萬	38	60萬	35	60萬	33	60萬
65	120萬	47	120萬	41	120萬	37	120萬
		56	240萬	47	240萬	41	240萬
		65	480萬	53	480萬	45	480萬
				59	960萬	49	960萬
						53	1920萬
						57	3840萬
						61	7680萬
						65	15360萬

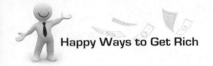

附錄五 銀行貸款金額、利息 及還款金額試算表

以一般房貸1000萬元,借款期間20年為試算基準:

類　別	房貸利息	升息半碼	升息一碼	升息二碼	升息三碼
利　率	2.00%	2.125%	2.25%	2.50%	2.75%
每月還款金額 (本息平均攤還)	50,588	51,182	51,780	52,990	54,216
20年總利息	2,141,072	2,283,789	2,427,309	2,717,528	3,011,888
每月月付金 差異數	－	＋594	＋1,192	＋2,402	＋3,628
20年總利息 差異數	－	＋142,717	＋286,737	＋576,456	＋870,816

附錄六 所得稅八大新制上路

　　財政部自民國100年推出多項報稅新制和減稅措施，納稅人不但可以少繳一點稅，申報繳納也變得更便利。共有八大新制，你不可不知！

1. 調整稅率及課稅級距

　　財政部除了將綜所稅所得較低者的稅率各降1個百分點為5%、12%、20%（30%、40%維持不變），課稅門檻也從前一年度的41萬元拉高為50萬元，40%的最高稅率級距金額也從409萬調高到423萬元；一般中產階級可以少繳點稅。

　　「稅率調降，課稅門檻提高」後，將可達到「雙減稅」的效果。預估全國約有380萬戶納稅人享受得到減稅好康，適用稅率愈高的減稅效果愈明顯。

2. 稅額試算服務

　　今年有項創舉，就是國稅局將當起會計師，幫所得申報內容單純的民眾試算稅額。4月25日以前，國稅局會主動以掛號方式寄發試算稅額通知書，民眾不需要再蒐集一大堆扣除資料，費心計算自己要繳多少稅。

　　納稅人只需檢查一下國稅局試算的資料和金額有無錯誤，確認無誤後，在5月1日至31日的申報繳稅期間內，辦理確認申

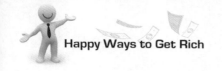
報即可，報起稅來簡便許多。

3. 擴大資料查詢範圍

　　為方便民眾查詢所得及扣除額資料、省去收集單據的麻煩事，政府今年擴大查詢範圍。所得人方面，從原先的納稅人、配偶、未滿20歲子女，擴及納稅人滿20歲子女（但須於98年度列報扶養）、直系尊親屬（須於97、98年度連續列報扶養）。

　　至於扣除額資料查詢範圍，也從原有的保險費、房貸利息和教育學費這三項，多了捐贈、醫藥費、災害損失和身心障礙等4項扣除額的部分資料。共有7項扣除額資料可向國稅局查詢。

4. 海外所得納入最低稅負

　　只要去年全年的海外所得超過100萬元，再加上特定保險給付、未上市櫃股票交易所得、非現金捐贈等，合計若超過600萬元，就必須繳納20％的最低稅負。

5. 投資型保單要報稅

　　去年1月1日起購買投資型保單的民眾，如果保單的投資標的有國內所得，像是1,000元以上的銀行利息所得、股利所得等，今年都得申報繳稅；至於投資標的有海外所得，也要根據海外所得課稅的規定，報繳最低稅負。

6. 出售房屋所得稅加重

　　去年有賣房子的台北市、新北市和高雄市民眾，財政部調高個人出售房屋財產交易課稅所得額，調整幅度從1到8個百分

點不等，其中台北市從29％調高為37％，新北市在升格效應拉抬下，更一口氣從16％調到21％，雙雙創史上新高。高雄市則從19％微調為20％，其他縣市維持不變。

7. 新北市調整租金標準

新北市的包租公、包租婆，你的租金收入稅負要變重囉，財政部調高新北市的租金所得課稅率1個百分點，升格前的縣轄市調為18％、鄉鎮為15％，打破連續6年未調整的紀錄，也是唯一調整的區域。

8. 網路報稅更簡便了

只要是以自然人憑證或財政部核准的電子憑證報稅的民眾，可選擇以去年繳、退稅的帳戶直接匯入，不用再輸入帳戶資料。以現金、晶片金融卡或自動櫃員機繳稅的民眾，也不需要將繳款書、交易明細表等資料送交國稅局。

所得稅申報的四種方式：

申報方式	書面申報		網路申報	
	簡式/一般申報書	二維條碼	戶號+身份證字號	自然人憑證或金融憑證
適用對象	對自己及家人所得和支出瞭若指掌不常使用電腦	沒有電子憑證無法查詢戶號（如設籍在親友住所）	沒有電子憑證全家人所得及支出單純	有自然人憑證或金融憑證所得來源較多

挺進知識核心、掌握關鍵資訊，
創造商機無往不利！

1 分鐘說動人心
瞿翔 編著　定價：200 元

1 分鐘提升人際魅力
葉禾茗 編著　定價：200 元

就是比別人有時間
陳國司 編著　定價：200 元

**34 種說話技巧打造 34 種
圓融 EQ ～別讓口才誤了你**
李旭 編著　定價：220 元

用易經做對管理
～ 64 個易經教你的經營心法
林金郎 著　定價：300 元

用加減法改變你的一生
俞慧霞、胡宜寧 編著
定價：240 元

不只是傳奇～陳可卉 編著
定價：220 元

這樣處理抱怨也不賴！
清水省三 著　定價：200 元

業績好．不是沒有原因
洪傳治 著　定價：240 元

新絲路網路書店：http://www.silkbook.com・網路訂 另有折扣
劃撥帳號 50017206 采舍國際有限公司（郵撥請加一成郵資・謝謝 ）

投資理財、聰明致富、
財富規劃的必勝祕技！

黑馬飆股煉金密碼
作者：黃賢明　定價：300元

女人，你該靠自己致富
～沒有王子，一樣能變有錢人
作者：李沅　定價：230元

早知道就這樣管錢
用對方法賺有錢又有閒的人生
作者：李沅　定價：250元

我靠基金錢滾錢
～增加理財腦袋，變身基金達人
作者：李沅　定價：320元

**財務管理，懂這些
就夠了**
作者：何建達、胡國聞、
　　　褚宇、王寶玲
定價：350元

我們改寫了書的定義

創辦人暨名譽董事長　王擎天
總經理暨總編輯　歐綾纖　　印製者　絃憶印刷公司
出版總監　王寶玲

法人股東　華鴻創投、華利創投、和通國際、利通創投、創意創投、中國電
　　　　　視、中租迪和、仁寶電腦、台北富邦銀行、台灣工業銀行、國寶
　　　　　人壽、東元電機、凌陽科技(創投)、力麗集團、東捷資訊

◆台灣出版事業群　　新北市中和區中山路2段366巷10號10樓
　　　　　　　　　　TEL：02-2248-7896
　　　　　　　　　　FAX：02-2248-7758

◆北京出版事業群　　北京市東城區東直門東中街40號元嘉國際公寓A座820
　　　　　　　　　　TEL：86-10-64172733
　　　　　　　　　　FAX：86-10-64173011

◆北美出版事業群　　4th Floor Harbour Centre P.O.Box613
　　　　　　　　　　GT George Town, Grand Cayman,
　　　　　　　　　　Cayman Island

◆倉儲及物流中心　　新北市中和區中山路2段366巷10號3樓
　　　　　　　　　　TEL：02-8245-8786
　　　　　　　　　　FAX：02-8245-8718

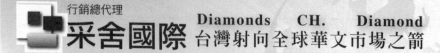

國家圖書館出版品預行編目資料

呆薪族也開竅的快樂理財書 / 張世民著. — 初版. —
新北市中和區 ：創見文化，2011.07
面 ； 公分 （優智庫 ；43）
ISBN 978-986-271-092-0(平裝)

1.個人理財 2.投資
563   100011113

呆薪族也開竅的
快樂理財書
HAPPY WAYS TO GET RICH
$

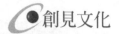
創見文化

呆薪族也開竅的快樂理財書

出 版 者 ▶ 創見文化
作　　者 ▶ 張世民
品質總監 ▶ 王寶玲
總 編 輯 ▶ 歐綾纖
文字編輯 ▶ 蔡靜怡
美術設計 ▶ 李家宜、蔡瑪利　　　　封面設計 ▶ 李家宜

郵撥帳號 ▶ 50017206 采舍國際有限公司（郵撥購買，請另付一成郵資）
台灣出版中心 ▶ 新北市中和區中山路2段366巷10號10樓
電　　話 ▶（02）2248-7896　　傳　　真 ▶（02）2248-7758
Ｉ Ｓ Ｂ Ｎ ▶ 978-986-127-045-6
出版日期 ▶ 2011年8月

全球華文國際市場總代理 ▶ 采舍國際
地　　址 ▶ 新北市中和區中山路2段366巷10號3樓
電　　話 ▶（02）8245-8786　　傳　　真 ▶（02）8245-8718

新絲路網路書店
地　　址 ▶ 新北市中和區中山路2段366巷10號10樓
電　　話 ▶（02）8245-9896
網　　址 ▶ www.silkbook.com

線上pbook&ebook總代理 ▶ 全球華文聯合出版平台
地　　　址 ▶ 新北市中和區中山路2段366巷10號10樓
主題討論區 ▶ www.silkbook.com/bookclub　新絲路讀書會
紙本書平台 ▶ www.book4u.com.tw　　華文網網路書店
瀏覽電子書 ▶ www.book4u.com.tw　　華文電子書中心
電子書下載 ▶ www.book4u.com.tw　　電子書中心(Acrobat Reader)